大川純彦著

暁　鐘

「五・四運動」の炎を点けし者

― 革命家　李大釗の物語 ―

藤田印刷エクセレントブックス

目次

ソ連邦
黒龍江(アムール川)
黒龍江
満洲里
中東鉄道
チチハル
東
松花江
ハルピン
ウランバートル
三
モンゴル人民共和国
長春(新京)
吉林
察哈爾
熱河
省
瀋陽(奉天)
京奉線
遼寧
綏遠
張家口
京綏線
寧夏
北京
五峰山
唐山
平壌
朝鮮
大連
長辛店
天津
楽亭
渤海
旅順
京城
河北
華北
山西
山東
黄海
陝西
青島
黄河
京漢線
鄭州
西安
河南
江蘇
済州島
安徽
南京
上海
四川
華中
東シナ海
湖北
武漢
長江
重慶
浙江
長沙
南昌
湖南
江西
貴州
福建
台北
桂林
広西
華南
広東
台湾
珠江
広州
高雄
香港
南シナ海
海南島

暁鐘（ぎょうしょう）

——革命家李大釗（りたいしょう）の物語——

大川純彦

はじめに

一九二七年四月六日——人々が先祖の墓参りに行く清明節（せいめいせつ）の朝であった。北京の東交民巷（とうこうみんこう）という外国公館街にあるソ連大使館で、突然「パーン！　パーン！」という銃声の乾いた音が鳴り響いた。と同時に取り囲んでいた多数の武装警官が一斉に突入し、中にいた中国共産党の指導者李大釗（りたいしょう）と彼に従う青年十九名、及びその家族やソ連大使館員合わせて六十名余を逮捕連行するという事態をひき起こした。

当時の北京政府総司令張作霖（ちょうさくりん）の厳命によるもので、外国公館への武装立ち入り禁止という国際法を無視した暴挙であった。しかし、当時の欧米列強は、それを黙認した。ひとえにロシア革命の拡大を恐れたためである。

北京大学の著名な教授であり、革命家としても知られた李大釗投獄のニュースは人々に大きな衝撃を与えた。たちまち各界から数多くの救援・嘆願の声が上がった。彼の薫陶（くんとう）を受けていた労働者たちの中には激昂（げきこう）して、獄中にある李の実力奪還を真剣に図ろうとする者がいたほどである。

世論の高まりを恐れた政府は軍事法廷に託して、短期間のうちに李ら二十名全員に死刑を宣告する。その日のうちに、彼らは中国史上初めての洋式となる絞首刑に処された。

李大釗、享年三十八才。蒋介石による上海での四・一二反共クーデターに先立つこと一週間前に、北京で強行された軍閥政府による共産党大弾圧事件の犠牲者である。

この事件の殉難者李大釗と言っても、中国革命史に詳しい人以外にはほとんど知られていないだろう。しかし今や超大国となった中国の権力を握る中国共産党、——彼はその主要な創立者であり、「中国共産党」の命名者でもある。

湖南省から上京して生活に困っていた毛沢東に北京大学の図書館の仕事を世話したのは、図書館長の李だった。彼は身近にあって毛に思想的影響を与えた。

また周恩来は天津の南開大学の学生で、五・四運動に触発されて「覚悟社」という進歩的な学生団体を組織した。彼は北京へ行って李から直接指導を受けていた。

文豪魯迅は当時教育部の役人で、北京大学の講師を兼ねて李と同僚になった。共に雑誌「新青年」の同人であり、新文化運動を推進した盟友である。

さらに中国革命の父と呼ばれる孫文は、度重なる革命の挫折の中で国民党の立て直しに苦悩していた。その時、「国共合作」路線を選択する上で協議を重ね、最も信頼した共産党指導者は李だった。

李が生涯最後の時期に力を注いだ国民革命の軍事戦略を遂行する時、その指導下に加わって頭角を現しつつあったのが、若き鄧小平だった。
魯迅に李大釗の印象を記した一文がある。李の遺文集の序文であり、彼の人となりを知るには格好の証言なので左に抄訳する。

「私が最初に守常（李大釗の字）先生に会ったのは、独秀（陳独秀）先生に呼ばれて『新青年』をどのように進めていくかを相談する集まりの時で、そこで知り合ったわけである。彼がその時すでに共産主義者であったかどうかはわからなかった。

全体として私に与えた印象はとてもよかった。誠実で、謙虚で、口数は少なかった。『新青年』の同人の中には、好んで争ったり陰で画策して、自分の勢力を広げようとする人が多かったが、彼は最後まで絶対そういうことはしなかった。

彼の風采はうまく言い表しにくいものがあった。ゆったりとしたところがあり、純朴でもあり、またありふれてもいた。だから文士のようでもあり、役人のようでもあり、またいくらかは商人のようでもあった。」

（魯迅「『守常全集』題記」　傍点は引用者）

革命の犠牲者への敬意を割り引いても、同時代人にはかなり辛辣な批評を隠さなかった魯迅の文章から、李の人間像の一端が知られよう。

革命家としての経歴から想像されがちな激情性は、彼のふだんの言動には表れなかったようであり、一方、大学教授という学者によくあるプライドの高さや堅苦しさも伝わっていない。周囲の人間の回想から浮かびあがる李大釗の人柄は、真情あふれる温かな教育者の風格であり、「仁人志士」という中国の伝統的な言い方がそのままあてはまるように思われる。

当時の習慣では、結婚は本人の意思ではなく親の決めたものに従うのが普通であった。めざめた青年知識人の多くはそのような家の束縛を断ち切り、自らの選んだ伴侶と歩みを共にした。陳独秀や毛沢東がそうであり、魯迅でさえも結局はそうであった。

李大釗も少年の頃、六才年上の趙紉蘭と結婚させられた。しかし彼は多忙な革命家の活動に追われながらも、教育を受ける機会のなかった趙との夫婦仲はよく、最期まで気持ちの通いあった家庭をもったと言われる。

軍閥政府により処刑された後も、権力の圧迫と経済的な理由から李の屍体は埋葬できず寺の片隅に放置されたままだった。趙紉蘭の強い願いとかっての同志たちの思いが実って、死後六年経ってはじめて李大釗の葬儀を行うことができた。

伝統的な葬礼に則(のっと)り、ラッパ吹きと鼓笛隊を先頭に僧侶、道士が続く葬列が寺を出た。追悼の白い幟(のぼり)に混じって「李大釗先烈(せんれつ)の精神は死なず」と墨書(ぼくしょ)された幟や赤旗も翻(ひるがえ)った。李の写真が掲げられ、葬礼歌と共に革命歌である国際歌(インターナショナル)も歌われた。

北京の繁華な街中をこの奇妙な葬列は進んだ。李の生前の人望を反映して、多くの友人や同志たちが集まった。さらに沿道の一般民衆も加わって膨れ上がり、予想外の一大デモンストレーションとなってしまったのである。

中華人民共和国の成立まで革命を怖れる時の権力によってどれほど多くの共産党員や労働者が犠牲になったろう。その殉難を悼(いた)む民衆葬が権力の膝元である首都の街中で公然と営まれた例は、李大釗を除いて私は知らない。

思いがけない民衆の隊列の盛り上がりに恐怖した官憲は、警察隊を動員してその葬列に弾圧を加えた。銃剣に身を守る術(すべ)を持たない民衆はいったん散り散りになる。しばらく後、三々五々に集まってきた人々によって、郊外にある万安公墓(ばんあんこうぼ)に棺は運びこまれた。それを何とか墓地に埋葬することはできた。しかし権力による弾圧の嵐の中で、棺もろとも李の墓碑は土中に埋めざるを得なかった。

同志たちの手で刻まれた墓碑銘(ぼひめい)が掘り起こされ、晴れて日の目を浴びるのには、新しい中国が成立する日まで待たねばならなかった。

李大釗の長くはない生涯は、中国における近代創出の陣痛の中から呱々の声を上げた人民解放運動の初期に、きわめて先駆的な役割を果たすこととなる。

今改めて、近代中国黎明期の時代状況を見つめ直し、半植民地・半封建社会からの解放を望んだ中国民衆の思いを確認すると共に、その先駆けとなった李大釗の苦難に立ち向かった物語を追体験していきたい。

「渡された父のノート」

李大釗同志 1905 年入永平府中學，
這是他在該校讀書時所攝。

李星華（りせいか）

六年もの間放置されていた父の遺体を何とか墓地に葬ることができて安心したのか、母はそのひと月後に亡くなってしまいました。兄は上海方面で党の秘密工作に従事していたため、葬儀にも顔を出すことはできなかったのです。私が妹と弟二人の面倒を見なければなりません。母の存命中は行き来していた親戚も、〝共匪（匪賊の共産党という悪罵）の親玉〟李大釗の子どもと関わるのを怖れる様子がありありでした。私の大好きだったふるさとの大黒坨村も、今や重苦しい時代の空気の中にあって、居心地がひどく悪いものになってしまったのです。

幸い父の同僚だった北京大学の先生方からの助言もあり、私たちは北京へ行くことの方がよりましだと判断しました。また周囲の勧めもあって、幼い二人の弟は市内の北郊にある香山の孤児院にひきとられることになりました。私と妹は、以前通っていた孔徳学院に復学し、これも父の友人の世話で鐘鼓寺に住むことになりました。

さらに彼らの尽力で、北京大学より生前の父が支給されなかった給料を受け取ることができたのもありがたいことでした。父の遺した書籍を売って生活費に足すこともしました。学業の傍ら、孔徳学院の先生のフランス語の講義録をガリ版で切るアルバイトの便宜も図ってもらい、何とか暮らしをしのぐことができたのです。

私たち姉弟がともかくも北京で暮らすことができたのは、すべて父のかっての友人や同志たちのおかげでした。その中でも、たえず見守って声をかけてくれた一人が、北京大学教授の周作人(しゅうさくじん)先生でした。父の生前、周先生は時折りわが家を訪れ父と歓談していたので、私たち子どもたちとも親しかったのです。

ある日、その周先生から話があるので、大学に来てほしい、と私に伝言が届けられました。私は、久しぶりに北京大学の門をくぐったのです。父の元気だった頃、何度も訪ねたことはあったけれど、もうその時からは十年近く経っています。外壁が紅煉瓦(あかれんが)のため紅楼(こうろう)と呼ばれていた図書館は特に懐かしく感じました。図書館長だった頃の父の執務室にはよく出入りしていたからです。周先生の研究室は、図書館東隣りにある第一院の建物の二階にありました。以前の父の研究室と同じ棟だったので、すぐにわかりました。

在りし日の父と同様に周囲を本棚に囲まれた研究室で、周先生はにこにこ笑いながら椅子をすすめてくれました。

「どうですか、胡(こ)君の字の癖には慣れたかな。でもフランス語の綴りをガリ版で切るのも大変だろう」

「胡先生はいつも早めに原稿を渡して下さいますので、その点は助かります。おっしゃる通りフランス語のスペルにはなかなか慣れなくて、修正液を使ってばかりで・・・」

胡君とは、周先生の教え子で、父の講義を受けたこともある孔徳学院の胡小石(こしょうせき)先生のことです。

「星華（せいか）ちゃん、今日来てもらったのは、君に大事なものを渡しておきたいからなんだ」

周先生は少し表情を改めて、そう話を切り出しました。机のすぐ傍にある本棚のガラス戸に手を伸ばし、その奥にある文箱（ふばこ）を取り出したのです。文箱の蓋を開け、中から古びたノート一冊を大事そうに持ち出して、私の前にさしだしました。

表紙には、「私の歩み　李大釗」と書いてありました。一部の字はかすれていたけれど、間違いなく見慣れた父の字です。見る見るうちに私の目から泪（なみだ）があふれ出てきて、その字はぼやけてしまいました。

「李先生に頼まれてずっと預かっていたものだ。ソ連大使館に移られる直前に私の研究室に来て、渡された。厳しい情勢だったから、その後の危難を予感されていたのかも知れない。彼の同志たちにではなく、書斎派の私に依頼したのもその方が官憲の捜索から免れると思われたからだろう。

お兄さんの李葆華（りほうか）君をわが家で預かったけれど、あんな時機だったので渡すことはできなかった。その後すぐに日本に亡命してもらったからね。彼とはあれ以来ずっと会えなかった。それで今日君に返す機会ができて、私も年来の胸の痞（つか）えがやっと下りた感じでホッとしているんだよ」

周先生の慈愛に満ちたまなざしに出会って、私は思わずその場でわっと哭き出したい思いに駆られたほどです。

「私にとっても敬愛する李先生がどんなことを遺されたのか知りたくて、失礼ながら先に読ませてもらった。彼のたくさんの著作や原稿はほとんど当局に押収されてしまっているから、一読してこれは貴重なものだと思った。

それだけに君たちに渡す責任を強く感じていたのだ。全体は家に帰って熟読したらよいけれど、最初の方だけでも目を通してごらん」

私は震える手で、ノートの表紙を開きました。父の懐かしい字体に改めていろいろな感情が湧いてくるのを抑えきれません。でも父の遺してくれた唯一の記録なのです。私は気持ちを引き締め父の肉声に耳を傾ける思いで、読み始めました。


星の見えない夜が続く。昼間の賑わいもとだえ、いま北京は真っ暗な闇に沈んでいる。この夜半の一刻も、密偵は暗躍し特務が革命派を嗅ぎ回っているに違いない。そんな緊張と警戒の日夜をしのいで、我々の革命活動は進められている。

同志たちは私に、早く北京を離れ武漢の国民革命軍と合流して欲しいと勧めてくれた。だが革命の戦略上、軍閥どもに奪われた首都を全く空にするわけにはいかない。反動派の本拠地だからこそ誰かがここに踏みとどまって、革命の火種を守らなければならないのだ。

もちろん刻一刻、危険は迫っている。だから近いうちに、残っている同志たちとソ連大使館に移るつもりはしている。そこから、南方で燃え立ち北に迫りくる国民革命軍に呼応する準備をしなければならぬ。それは革命の高波を怖れた敵による弾圧やテロとのいっそう熾烈（しれつ）な闘いの日々となるに違いない。

もはや落ち着いて机上で書きものに没頭（ぼっとう）する時間はあまりとれない。これまでの思いを記すのも、これからしばらくは難しいだろう。だからこそ自分の歩みを記しおき、中国の夜明けを願って立ち上がった私たちの志を、後継ぐ人々に残そうと思っている。それはまた成長したわが子たちの目に触れる機会があれば、日ごろじっくり語ることができなかった父からの伝言となろう。

ここまで読んで、父がこのノートを書き遺した動機を知った私は、目を上げて周先生に語らずにはおれませんでした。

「周先生、これは父の私たちへの遺書なんですね」

先生はすぐには答えなかったけれど、やがて口を開きました。

「すぐれた革命家である李先生はそれを私に預けた時、すでに万一の場合を覚悟されていたに違いない。だからこそ、愛する君たちに伝えたかったのだろう。同時に、私たち中国の国民全体に訴えたかったことでもあるような気がする。それを受け止めきれない今の私はとても恥ずかしいのだが・・・」

そう語る周先生の表情に一瞬、翳(かげ)りが過(よ)ぎったような気がしました。けれど私は周先生の厚意には、感謝の思いでいっぱいだったのです。時の権力の憎しみの的だった父の貴重な遺言をこれまでずっと大事に預かり、私たちに伝えてくれたことを。立場は違っていても、父に対する友情を変わらず持ち続けてくれた周先生の誠実なお気持ちがとても嬉しかったからです。

鐘鼓寺の下宿に帰って、妹の李炎華(りえんか)と父の手記を夢中になって読みました。まだ幼かった私たちと触れあっていた頃の父が活動していた時代の背景がどんなものであったのか、初めてその輪郭がはっきりと理解できました。それは亡き父から私たちへのかけがえのないメッセージだったのです。

「私の歩み」

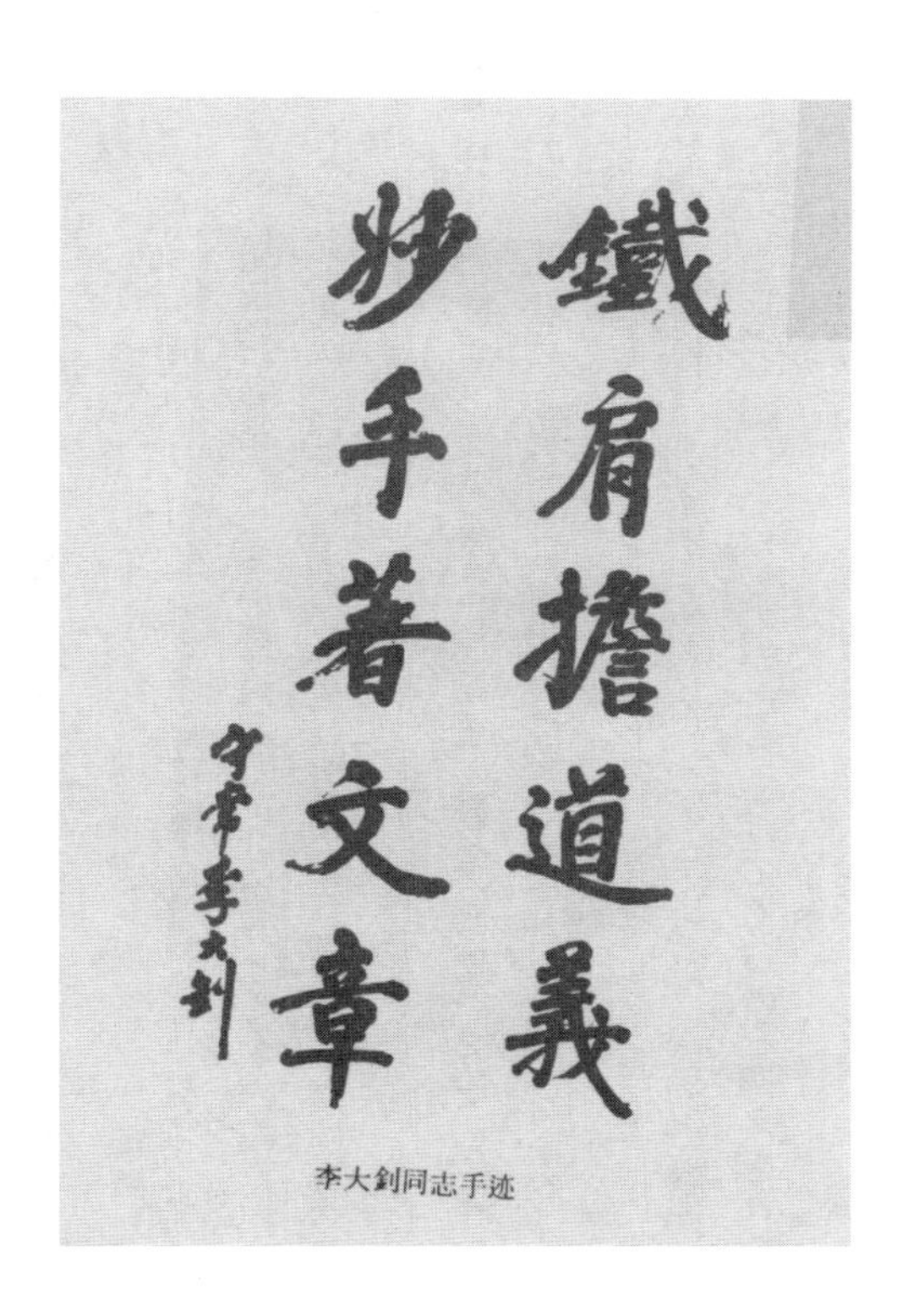

李大釗同志手迹

李大釗

「慈母・厳父」の祖父

私は両親を知らない。母の胎内(たいない)で私がかぼそい生命を刻み始めて四ヶ月で、父は肺病により若くしてこの世を去った。私が生まれ落ちて一年半ほどで、今度は父の死を悲しむあまり心身とも弱ってしまった母も身罷(みまか)った。赤子の私は、六十二になる祖父李如珍(りじょちん)の手に残されてしまったのだ。

乳を求めて泣く赤子を前にして祖父はどんなに途方にくれたことであろう。長年の患(わずら)いで気がふれてしまった祖母に私を任せるのは無理だ。仕方なく祖父は手を尽くして授乳を含めて世話してくれる人を親戚・近隣に求めたが、結局まかせられる人は得られなかった。

万策(ばんさく)尽きた祖父はとうとう覚悟を決めた。干菓子(ひがし)を買ってくると、それを噛み砕きまるで親鳥が子鳥に口移しに餌を与えるように、赤子の私の口に流し込んだというのだ。夜、乳をせがんで泣きやまない私に、祖父は乳が出るはずもない自分の乳首を含ませ、泣き疲れて眠りこむまで添い寝したと伝えられている。

私はこの話を聞くたびにたまらなくなる。祖父がどんな思いで幼い私に寄り添ってくれていたことか。それを思うと、胸に熱いものがこみあげてくるのを抑えきれない。ああ、祖父はまさしく私の母でもあったのだ。

私が生まれたのは、一八八九年、まだ清朝の末期だった。北京より東、渤海に面した楽亭県大黒坨という寒村がふるさとである。

祖父は若い頃から義侠心に富み、好んで書を読む志ある青年のようだった。村の多くの若者たちは万里の長城を越えて、その当時東三省と呼ばれた東北地方に出稼ぎに行く。祖父もまたその一人で、持ち前の才覚を生かして十年ほど東北各地を商売して回り、何がしかの財をなして村に戻ってきた。

息子がなかったので、弟の子で小さい頃から利発で学問好きの李任栄を養子にもらいうけ、その将来を楽しみにしていた。

ところがその李任栄、つまり私の父だが、彼は志半ばで亡くなってしまったのである。大きな衝撃を受けた祖父だったが、それだけに私を何としても一人前に育て上げ、息子の思いを継がさなければと強く自分に誓ったに違いない。

三才になると、それまで優しかった祖父は一変して厳しい父になった。自ら家庭教師となり、まず字を教え、それから歴代の名文の暗誦を命じた。目で憶え、口で唱え、心で意味を理解する、これが祖父の教則三ヶ条であった。間違えると、教鞭で容赦なく手をピシャリと叩かれる。課題をやりとげないうちは、外へも出られない。反発したい気持ちはあったけれど、祖父の真剣な目に出会うとこども心にも期待に応えなければと思うようになり、いっそう勉学に励んだ。

新年になると祖父は私を年始回りに連れ出した。行く先々の家の門には、赤い布にめでたい文句が墨書（ぼくしょ）された春聯（しゅんれん）が貼られていた。祖父は私にその春聯を朗唱させ、その意味を問いかけては講釈するのが常だった。

村の真ん中にある古い廟（びょう）のどの入口にも春聯が貼ってある。祖父はそれを指さし私に尋ねる。たちどころに読み上げると、周囲の人々は驚き褒（ほ）めそやした。その様子を頷（うなず）きながら浮かべる祖父の笑顔に、ふだんの厳しい教えのつらさも忘れた。

六才になると、祖父は村の名士に頼み込んで、その家塾（かじゅく）に私を通わせた。そこで四書五経（ししょごきょう）など儒学の聖典をひととおり学んだのである。読書人の家柄でもないのに、祖父はなぜ私にそこまで学問を望んだのだろうか。それは実力主義が建前で誰でも応募できる科挙（かきょ）という官吏登用試験を受けさせるためであった。若死にした息子李任栄の果たせなかった夢を、孫の私に託したのだ。

私には幼い頃から家同士で決めた許嫁（いいなずけ）がいた。隣り村の農家である趙家の三女で六才年上の趙紉蘭（ちょうじんらん）である。当時の風習で、十才の時には結婚することとなった。祖父は高齢になった自分の行く末を思い、私が学業に専念できるよう働き者でよく気のつく趙紉蘭を早く家に迎えたかったのであろう。一人っ子だった私には、夫婦というよりよく世話してくれる姉ができた気分であった。

十四才になると、科挙の最初の関門である童試を受けることになった。試験当日、まだ辺りも暗い早朝に家を出た。十五キロも離れた隣の県の試験場まで歩いていかなければならない。肌寒い朝の空気に身を震わせながら道を急いだ。しっかり手を握って送り出した祖父の強いまなざしが浮かぶ。そこには会ったことのない父の願いが重なっているように思われた。

試験場で答案用紙が配られた。出された題目に対する思案を重ねた私は、構想がまとまると一気に筆を走らせた。思いが先走って筆の運びが追いつかない感じがしたほどだった。自分ながら手応えを感じつつ一心に書いている時だった。たっぷり墨を含ませた筆を答案に下ろそうとすると、筆先から墨汁がポタリ、ポタリと二、三滴したたり落ちてしまったのだ。墨滴は見る見るうちに私の視界を黒々と蔽ったような気がした。愕然とした。祖父の顔が脳裏に点滅する。どうしよう、・・・私はすっかりパニックになってしまった。朦朧とした状態の中で時間は無情に過ぎた。家路への足どりがあんなに重苦しかったことはない。

帰ってきて私の報告を聞いた祖父は、責めるどころか、柔らかいまなざしを向けながら言った。

「これで終わりではない。またがんばればいいのだ。次の機会があるじゃないか」
二年後の十六才の夏、童試の一次試験は合格できた。次の試験の準備をしていたその年の秋、清朝政府は科挙制度の廃止を決めた。物心ついてからずっとめざしていただけに、それはまさに青天の霹靂だった。さすがに落ちこんだ私だが、それ以上に萎れたのは祖父だった。亡き父からの二代の夢が消えてしまったからである。

ところが、私が通っていた宋家学館の黄宝彬先生は科挙制度廃止の詔の通知を吟味し、その中に一次試験の合格者は翌年から新式の中学に学生として編入される、という条項を見つけて励ましてくれた。

結局、私は近くの永平府という町にある新式の中学に進学することになった。家を離れるその朝、祖父が私に向けた言葉は今も耳元に残っている。

「霊頭（私の幼名）よ、永平府でしっかり学ぶんだよ。科挙の試験は廃止されたものの、世に出る道が閉ざされたわけじゃなさそうだ。新しい学問によって人々に報いるのだ。学ぶことによって新しい世界が広がる。だから学問はつらくともくじけてはならんぞ。

お前に会いたいのはもちろんだが、それよりも霊頭が志を高く持って目的に向かって行くのをわしは何よりも願っているのだ」

門のところで、祖父は姿が見えなくなるまでいつまでも私を見送っていた。その傍で趙紉蘭も黙って見つめていた。新しい門出に心弾ませていた私だが、その時初めてかすかなさびしさを覚えた。

それから二年後、中学の寮で祖父の死を知った。

李如珍、八十一才。世の父母さえ及ばぬ慈しみを注いでくれた祖父への恩愛は、苦しさにぶち当たる時、私にいつも前に進む勇気を与えてくれる。祖父の声に励まされて「新しい世界」を求める私の歩みは始まったのだ。

めざめと挫折

祖父にたたき込まれた古い儒教経典と違って、新式の中学で学ぶ西洋の学問は私にはひどく新鮮だった。私の知識欲は大いに刺激され、さらに未知への世界を求めてやまなかった。そんな思いを妻の趙紉蘭（ちょうじんらん）は、よくわかってくれていた。祖父の遺志を身近に感じとっていたせいであろう。それで中学卒業後も、故郷にそれほど遠くない天津にある北洋法政専門学堂に進むことを支えてくれた。

この学堂は、明治維新によりアジアでいち早く近代国家体制をつくりあげた日本の学校制度をモデルにしたもので、北洋軍の総帥（そうすい）である袁世凱（えんせいがい）の肝（きも）いりで創設されたわが国最初の法律専門学校であった。

法律学だけでなく、政治経済や西洋の思想・文化、それに英語・日本語という外国語も学ぶ機会を得た。教師の中には、後に日本で民本主義を提唱し、デモクラシー運動の思想的支柱となった吉野作造先生もいた。講義の後、吉野先生に何度か質問をしに行ったことがあった。学生である私にも視線をまっすぐに向け、丁寧に対応して下さった先生の態度は、他の日本人教師の上から目線とは明らかに違ったものがあった。

義務と使命感に凝（こ）り固まっていたそれまでの私の心に、新しい風が吹きわたった。私は夢中になって新たな思想・科学を吸収する喜びにひたった。視野の彼方にある地平線は私を誘い、新しい明日を約束させるもののように思われた。世界が広がるというこれまで経験したことのない自由で開放的な気分に私は満たされた。貪るように翻訳書をめくり、同じ思いを抱く友人たちと中国の現実とその行く末について幾晩議論を重ねたことだろうか。

その中に眼光炯々としてがっしりとした体格の白堅武がいた。同じクラスだが年上のその男は、いつも熱っぽく私に語りかけてくるのだった。

「俺はこの腐りきった宮廷をどうしても許すことはできない。庚午戦役（日清戦争）の時にも北洋艦隊の増強に必要な軍費が、西太后還暦祝いのための頤和園造営に充てられてしまった。

俺の父は直隷（河北）総督聶士成に従う武官だったが、義和団の戦いで日露英米など八カ国連合軍との天津攻防戦のさなか戦死したのだ。当初義和団に同調していた西太后は列強が派兵するやすっかり怯えきって西安に逃げだしたではないか。挙げ句の果て列強に莫大な賠償金を支払う結果となり、国の主権も失墜させてしまった。

だが俺が西太后を糾弾するのは父の死に対する私憤からではない。わが中国が異民族の王朝により亡国の運命を辿ろうとしていることへの義憤なのだ」

こう語る白堅武の憂国の思いは、祖父から薫陶を受けた私もひとしく共感するところだった。彼はその時から私の無二の友となった。

また歴史地理担当の白雅雨（はくがう）先生のことが忘れられない。痩身（そうしん）の白先生はふだんはもの静かで口数の少ない人だった。ところが講義となると、列強により国土を半ば分割されている現状に、身を震わせて熱っぽく語るのが常だった。

「皇帝を頂点とする満洲貴族たちは、民衆の苦難をよそに己（おの）が権益を守るために国土や資源を平然と外国に売り渡している。我々はこのまま現状を座視（ざし）して、甘んじて滅びゆくのを待つのか！」

白先生の深いまなざしと熱誠（ねっせい）あふれる呼びかけに心揺さぶられない者はなかった。私の心には白先生の教室での一語一語が刻まれた。

しかし、自分の目で曇りなき現実を見据（す）え、自分の頭で真実を探求するのは容易なことではなかった。新しい時代の到来を待ち望んでいた私だったが、一方で古い士人（しじん）意識や立身出世への願望から自由ではなかったからだ。

この北洋法政専門学堂は、確かに西洋の法学や政治経済学を学ぶのに最適な学府ではあったろう。しかし創立者袁世凱が意図したのは、北洋軍閥の権力を支える官僚を養成するための機関だったのだ。

まだ視野の狭かった私には、袁世凱は宮廷内の進歩派であり、開明的な英傑だと思われた。守旧派である西太后と違って、新式の軍隊を訓練強化するのに努めている国軍の柱だった。

革命派の孫文とも提携しようとする彼は、清朝（しんちょう）に圧力をかけている希望の星の一つに見えた。この学校で学ぶことに私は何の疑いも持たなかったのである。

一九一一年十月十日、長江（ちょうこう）中流の要衝（ようしょう）である武昌（ぶしょう）で新軍が武装蜂起した。辛亥（しんがい）革命の火蓋（ひぶた）が切って落とされたのだ。外国勢力に対して無力な清朝を打倒しようという革命と自立の炎が各地で燃え上がっていく。

三ヶ月ほどたったある日、教室に入るとクラス中が騒然となっていた。口々にみな革命騒ぎの話題でもちきりである。白堅武と目が合うと、彼は顔を真っ赤に染めて駆け寄り、痛いほど私の両肩をつかんで叫んだ。

「おい、驚くな！　白先生が犠牲になられたのだ！　清朝打倒の革命党員として処刑されてしまったらしいんだぞ！」

しばらく私は声も出なかった。あの白先生が亡くなられた！　信じられなかった・・・。王朝政治に対して憤（いきどお）ってはいたが、あのもの静かな先生が革命党員だったのか？

事態の真相は、私には驚くべきものがあった。王都北京の北にあるこの直隷の地にも武昌蜂起に呼応する動きが活発化していた。その蜂起軍の参謀長が白雅雨先生だったという。新軍の中の革新的将兵を集め、駐屯地近くの灤州（らんしゅう）で武装蜂起を図った。すぐさま北方革命軍政府樹立を宣言して、清朝に反旗を翻したのである。

ところが後に判明したことだが、この武装蜂起は革命軍内に潜んでいた内通者の密告のため、ほかならぬ袁世凱配下の曹錕の部隊によってあっけなく鎮圧されてしまったというのである。

捕らえられた白先生は、死に臨んで絶筆となる詩を遺した。その一節に言う。

　後に起つ者に希望す　志気を同にして相連なることを
　此の身死すると雖も　千古の美名伝わらん！

彼は従容として処刑台に向かい、壮烈な最期を遂げたという。

私は自分の愚かさにどれほどさいなまれたことか。私に光を示してくれた白先生虐殺の黒幕が袁世凱だったとは・・・。

私は自分の不明と無力を痛切に感じないわけにはいかなかった。と同時に、改めて中国社会を蔽っている混迷と暗黒の深さを思った。もはやこのままでは中国も、私自身もたちゆかない！

それを根本的に打開する道はどこにあるのか。わが友白堅武は革命をめざす軍人になることで清朝打倒を決意する。私は何としてでも中国と自己の改造の道を探り当てなければならない、そんな思いでもがいていた。

新たな世界へ——日本留学

天津港を出たとき黄褐色だった海の色は、今ゆるやかにうねって深い紺碧に変わっていた。もはや祖国の地は遠く離れ、四方すべてが水平線である。横浜に向かう日本郵船の定期便の甲板から、私は地球の呼吸のようにうねる海原をいつまでも見つくしていた。

暮れゆく空と海の間はるかに、ふるさと大黒坨村のわが家の様子が目に浮かんでくる。妻の趙紉蘭は三才の息子李葆華、一才になったばかりの娘の李星華の世話で大忙しに違いない。そんな妻に全てを預けて私は船上の人になったのだ。

日本留学については、母校の北洋法政専門学堂から派遣する三名の留学生の一人として推薦された。前途に迷い思想的にも彷徨の中にあった私の気持ちは大いに動いた。だが家のことを考えると躊躇しないわけにはいかない。学堂より一定の学費・生活費などは出るものの、それとてむろん余裕のある額ではない。それに家の生計のこれから、子ども達の養育のことなどをどうしよう・・・。

思い悩む私の様子を察したのであろうか、妻は自身に言い聞かせるような調子で口を切った。

「お祖父さんの願っていた学問は成就したのですか。きっとこれからが大変なのでしょう?　子ども達のことは心配しないで。今までと変わりはないんですから。あなたの思う道を進んでいいのよ」

趙紉蘭は、農家の娘で野良仕事や家事に労を厭わず、祖父の意を体してこれまでも遺してくれた多くはない資産をやりくりして学費を工面してくれた。そしてこの度もまた迷っている私に、実家と相談してすぐ旅の準備にかかってくれる有様だった。これまで以上に妻に苦労を負わせるという良心の責めが内心に疼く。にもかかわらず私の向学心はやみがたい衝動となって、趙紉蘭の献身に甘える自分に目を瞑ってしまった。

北西より吹きつける風が強くなってきた。冬の波はやはり荒い。甲板にも波しぶきがかかりはじめた。揺れる船縁につかまりながら、私は妻の思いを決して無にしないために、日本の地で必ず新しい自分を確立しようと心に誓った。

東京では、先輩の留学生の紹介で、早稲田の中華基督教青年会館に住むことになった。そこの生活の中で、新風が早くも私の心に吹き込んできたのである。アーサー・ロビンソンという米人の牧師と出会ったことだ。

彼はキリスト教精神と英語を教えてくれただけでなく、教会のオルガンを奏し、私を音楽の世界にも導いてくれたのだ。彼が好んだのは黒人霊歌だった。アフリカから奴隷としてアメリカ南部に強制連行された黒人たちは、綿花畑の過酷な労働の合間に魂の救いを求めて賛美歌を歌った。それは神の名を借りた解放への叫びだった。とりわけロビンソン牧師が歌ってくれた「アメイジンググレイス」という調べは、皮膚の色が違っていても感情を共有できるという、私にとって得がたい体験を与えてくれた。

その頃、東京は首都として急速な近代化の中にあった。東京駅が開業となり、オープンしたばかりの帝国劇場や三越デパートに市民の目は集まった。一方で、大都会の陰にひろがる闇の一端を知ることができたのもロビンソン牧師のおかげだった。

牧師は積極的に貧民街を回って奉仕活動を進め、ある時は私にも声がかかった。彼に従って下層市民の生活支援や夜学の生徒の勉強を手伝った。そこには貧苦にあえぐ中国の多くの民衆の姿に重なるものがあった。

秋になって早稲田大学政治経済学科本科に入学した。私はどんなにこの日を待ち望んだことだろう。日本には欧米のさまざまな思潮が翻訳を通じて流れ込んでいて、私が吸収したいものは山ほどあった。

天津で袁世凱（えんせいがい）の政治顧問となり、中国に民主政治は合わないと論じていた有賀長雄教授が法制度史の講座を持っていた。それで反駁（はんばく）する論拠を得るためにも受講することにした。美濃部達吉博士の憲法の講義も受け、その精密な論理性に感心した。後に「貧乏物語」で有名になった河上肇（はじめ）博士の名前を知ったのもこの頃である。

昼間、講義のない時は夕方まで図書館を利用し、夜は遅くまで会館の自習室で自分に課したテーマの読書と研究ノートの作成にうちこんだ。

大学のゼミで指導を受けたのは、キリスト教社会主義者として名高い安部磯雄教授であった。彼によって初めて社会主義への目が開かれた。先生は社会調査を重視し、演習の中で氷川下町（ひかわした）という貧困地域に同行したとき、思いがけなくロビンソン牧師も一緒だった。彼らは教会を通じたセツルメント活動で旧知の仲だったのだ。幸徳秋水・堺利彦訳の「共産党宣言」に初めて触れたのもこの時期で、安部先生の勧めだった。

当時東京には六千人くらいの中国人留学生がいて、互いに連絡をとりながら内外の情報を交換し合っていた。一方中国本土では、袁世凱の独裁がますます強まり、多くの革命派の雑誌は発売禁止となり、出版社も閉鎖に追い込まれた。

革命派の論客章士釗（しょうししょう）もその憂き目に遭（あ）った一人で、東京に亡命して「甲寅（こういん）」という政論誌を発行していた。私がこの雑誌に「国情」という一文を投稿すると、章よりぜひ会いたいという手紙が届いた。早くから革命と共和の論陣を張っていた章と語りゆく中で、祖国の現状に対する憂いと認識について共有するものが多いのを確認しあった。それから「甲寅」に載せる原稿をたびたび依頼されることになる。

ある時、章の事務所で異彩を放つ眼光、大きな耳を持った見るからにただ者ではない人に引き合わされた。私より十才ほど年上で、安徽省出身の陳独秀という男だった。

「大釗君、紹介しよう。誰もが揺さぶられる雄弁とその批判精神で、今にこの人は全中国にその名を轟かせるだろう。陳独秀先生だ」

章士釗は、彼のことをそう形容した。確かにその身体全体からは並々ならぬエネルギーが放射しているのを感じとった。

「独秀先生、この青年が李大釗君だ。このたび日本に来て、私が見つけだした逸材だ。思索力にすぐれ、人の心をわしづかみする文章を書ける男なんだ」

陳独秀と私は、こうして初めて顔を合わせた。この出会いは、その後の私の歩みを決定づけることになる。ただその時は、それ以上多くを語るゆとりはなかったけれども。


早稲田での学生生活が充実していたその時、ヨーロッパで戦火が勃発し、やがてそれは世界中を巻き込む大戦争になった。それが二十世紀の中国と日本との歴史的対決点の序幕になるとは、その折りは夢にも思わなかったが・・・。そして私もまた否応なくその渦の中に飛び込まざるを得なくなってゆくのだ。

「二十一ヶ条要求」

「領土拡大に逸る日本の野心は、君が思っている以上にとどまるところを知らないぜ。わが朝鮮は四年前に植民地にされてしまった。故国が踏みにじられるのを見過ごすのは忍びないから、俺は逆に奴らの心臓部に喰らいついてやろうと思って東京にやってきたんだ。

今日の朝鮮の苦難は、そのまま中国東北部の明日の姿となるに違いない。うそだと思うのなら、いちど九段にある靖国神社の遊就館を覗いて見るがいい。きっと君も目がさめるだろうよ」

図書館で知り合った朝鮮人李光洙の皮肉のまじった挑発的な言葉がさっきからひっかかっている。彼は東京で同胞たちと朝鮮独立運動を起こすために留学してきたのだ。鋭い目つき同様鋭敏な感性を持った文学青年でもあった。

私は、辛亥革命の共和の理念と民衆の解放を実現する道を見いだすために日本に来て学んでいる。その手応えはつかみつつある。早稲田での収穫は学問・思想だけでない。交友関係でも新たな広がりを持ちつつあった。だが、李から見ると、そういう私の様子もまどろっこしく見えるらしい。彼の屈辱に塗れた思いは、確かに私よりも深い絶望と怨念を潜ってきたものなのだろう。

足は彼から訊(き)いた九段の方へ向かっていた。二つの塔をもった煉瓦造りの西洋建築が見えてきた。遊就館の中はうす暗く、回廊には甲午(こうご)の役（日清戦争）や義和団(ぎわだん)運動の折り、日本軍がわが国土を踏みにじった時の銃砲類や鹵獲(ろかく)した「戦利品」がこれ見よがしに展示されていた。私はたまたま「天津城攻略」と題された報道写真パネルに目を留めた。と、私の耳に大きな話し声が飛びこんできた。

「父さん、この攻略戦には俺たちの連隊も加わっていたんだよ。ほら、ここに見える門から突入したんだ。あの時の支那兵たちのざまったらなかったよ。俺たちが攻めこむと、砲弾の音に腰を抜かしたのか、刃向かう奴なんてほとんどいなかったんだから。

　支那なんて、眠れる獅子どころか死にかかった図体の大きい豚みたいなもんだ。上は上で宮廷からすぐに逃げ出す臆病皇太后なら、下も下でただ哭(な)き叫ぶだけで何もできない烏合(うごう)の衆ばかりさ」

　写真を指さしながら兵服姿の若い男が、親らしい老夫婦に自分たちの手柄話を得意そうに聞かせているのだった。

　私は耳を塞(ふさ)ぎたかった。わが友白堅武(はくけんぶ)のことが浮かんできてたまらなかったからだ。軍人だった白の父はこの天津攻防戦で敢然と闘い、戦死したと聞いている。それを辱(はずかし)めるような日本兵の言動を間近に見聞きして、私の心は激しく波立った。

展示されているのは、みな日本の中国侵略を誇示するもので、それはとりもなおさずわが国の恥辱の数々で埋められている。誇らしげな多くの日本人参観者に背をそむけて、私は壁に向かって涙して声を呑むばかりであった。

朝鮮人の李光洙が直言したのはこのことだったのだ。亡国の恨みを抱いた彼の気持ちが今あらためて私の心に食い入ったのである。

翌る一九一五年一月下旬のことだった。大学から宿舎の中華基督教青年会館に戻ると、同室の者から食堂に来てくれと声がかかった。行くと、そこにはすでに十人ほどの留学生が集まっていた。

その中の一人が思いつめたような表情で口火を切った。彼は官費留学生で、父親は政府外交部の高官だった。だが、彼自身はやはり安部教授やロビンソン牧師の影響を受けて、父の言動に対しては懐疑的になっていた。彼の打ち明ける内容はその父から耳にした情報だった。日本政府が中国の主権を全く無視した驚くべき要求を中国政府につきつけたのだという。

欧州大戦に世界の目が釘付けになったのをいいことに、日本は日英同盟を口実にして中国の山東省の膠州湾に面した青島のドイツ租借地を攻撃、占領したのだった。その戦勝の勢いを駆って、二十一ヶ条の要求を袁世凱につきつけ、強引にそれを呑ませようとしたのである。

その主な項目は、山東省におけるドイツの権益を日本のものとすること、彼らが満洲と呼ぶ東三省と東蒙古を自分たちの勢力圏とする数々の優先権の確立、長江中流域の鉱山の採掘権取得。とりわけ主権を脅かす中国政府への日本人顧問の登用、東北地方の警察の日中合弁など、要求というより盗人猛々しい恫喝だった。

一同はみな顔色を変え、騒然となった。口々に怒りの声を噴き上げた。ただちにこれを全ての留学生や国元に知らせなければという切迫感、袁政権に断固拒否の姿勢を求める声、日本政府への強い抗議などあらゆる手段をもってという憤怒が沸きたつように叫ばれた。

日本政府の首相がこともあろうに早稲田の創立者である大隈重信であることにも怒りの火に油を注いだ。それだけに緊急に呼びかけられた抗議集会の中心になったのは早稲田の留学生だった。私も集会宣言起草の役を担うことになった。

二月十一日、神田美土代町にある日本青年会館で「二十一ヶ条要求」に反対する留日学生大会が開かれた。会場いっぱいの留学生から日本の火事場泥棒のようなあからさまな野心に怒号が相次ぐ。ひとりの大男が壇上に駆け上がり、手にした「日の丸」の旗を引き裂いた。山東出身の呂俊義という学生だった。

山東は宋の時代に梁山泊があったところで、義侠の風に富む土地柄だった。呂俊義は「水滸伝」中の好漢たちの副頭目である「河北の玉麒麟」こと盧俊義に字も音も似ていることから、「山東の玉麒麟」とあだ名される偉丈夫である。

「わが血潮もて、山東の山河を蹂躙せんとする東洋矮子の顔に注がん！」

そう叫ぶや、彼はにわかに人差し指の先を噛み切ると、持ってきた白布に「還我青島！」と鮮血淋漓たる四文字を書きあげた。場内の興奮は最高潮に達した。

その会場で「中国留日学生総会」の結成が満場の声と拍手で宣せられた。帰国して政府に訴え、民衆に宣伝しようという行動提起も出された。最後に、私は書き上げたばかりの「全国の父老に警告するの書」を読み上げた。

五月七日、日本政府はわれらの声を意にも介さず最後通牒を発して、袁世凱政府に二十四時間以内に回答を迫った。袁世凱は、政権の保全と自己の皇帝即位支援を条件に、日本の要求のおおよそを呑んだ。

この屈辱を忘れないために、民衆の間で五月七日は国恥記念日とされた。それはやがて中国の新しい時代の幕開けとなる五・四運動の発火点になってゆく。

雑誌「新青年」

「俺はすぐ山東に帰り、祖国の危機的な現実と郷土山東の保全を訴え、全力で救国運動の先頭を切る！　だが大釗よ、お前は日本に残れ！　ただやみくもに帰国しても基盤となる組織がないとだめだ。北京・天津は北洋軍閥の本拠だから、なおのこと動きはとれないだろう。その点では日本にいた方が国内外の動向もつかみやすいし、欧州大戦の情報も早い。お前は仲間の誰よりも情勢を見る目が鋭いし、冷静に分析する力がある。東京から袁世凱打倒運動の方向を見通してくれ！」

山東からの留学生である呂俊義は私にそう力説した。「二十一ヶ条要求」に対する留日学生の抗議集会の時、満場の怒りに火を点けた男だ。

すぐ帰国するつもりだった私も呂や仲間たちから説得されて、しばらく東京にとどまり、救国運動の方針と今後の活動の展望の策定に専念することにした。

帰国した仲間と連絡をとるためにまず「留日学生総会」の機関誌を創刊した。それを中国各地の青年学生グループにも送付して、共闘を呼びかけた。上海では、すでに帰国していた陳独秀が雑誌「新青年」を創刊して、これまでにない急進的文化運動の狼煙を上げていた。

一方で袁世凱は、辛亥革命の時孫文が制定した憲法にあたる「臨時約法」を改悪し、全ての政治的・軍事的な大権を手中におさめた。袁政権の法律顧問である日本の早稲田大教授有賀長雄やアメリカのコロンビア大教授グッドナウは、「共和制や代議制は中国の国情に適さず、専制がふさわしい」という主張を盛んに展開した。それに力を得て、袁世凱は年来あたためていた皇帝の座に即くという野望をとうとう剥きだしにしてきたのである。アメリカや日本の経済的な後ろ盾を利用して、帝制復活を宣布したのだ。

それに迎合して、康有為など孔子を崇拝する守旧派は籌安会・孔教会などを設立して、王朝復活と共に儒教国教化の請願運動まで展開するに至った。

辛亥革命の理念をあざ笑うかのような封建思想の根強さには愕然とさせられた。だがそれだけに近代民主思想をしっかりとわがものにして、それを中国の現実に生かす道を求めようという猛然たる闘志が沸いてきた。時間がいくらあっても足りない！　私は「留日学生総会」の仕事と連絡以外は大学の講義も出ずに図書館に通い詰めて、中国変革の道を探る理論探究にうちこむ日々を過ごした。

「われわれ新進気鋭の青年は、時々刻々渦巻き波立ってやまぬ巨大な激流の中に立ち、決して流れに押されぬ精神と凛として独り立つ気魄をもって、その潮流にぶつかり、その勢力をさえぎらねばならない・・・。

かくてこそ宇宙の生涯をわが生涯とし、宇宙の青春をわが青春とすることができる。宇宙が無限であれば青春も無限であり、自我もまた無限である。
この精神こそは死に生を吹きこみ、運命を変えて再生する精神である・・・。
今わが民族の青年が、日々誓いを新たにして世に明らかにすべきは、老衰中華の延命ではなく、青春中華の復活にこそある！」

祖国の青年たちに向けて呼びかけた「青春」という文の一節である。私はこれを陳独秀の主宰する「新青年」に投稿した。辛亥革命後の混迷の中で再び封建道徳と王朝体制を復権させようとする勢力に対抗して、中国社会の変革と青年の奮起を求め、それを「青春中華」という言葉に込めて書いたものである。

やがてそれは「新青年」に掲載され、さいわいにも大きな反響を呼ぶことができた。儒教を核とする封建礼教に反対し、「デモクラシー（民主）とサイエンス（科学）」を旗印に全国の青年たちに熱狂的な支持を得ている「新青年」に新たな精気を吹き込むものと評価されたからだ。

帝位に即いた袁世凱への国内の批判の波は大きく高まった。まず雲南（うんなん）省で蔡鍔（さいがく）将軍率いる護国軍が反袁世凱の旗を掲げて蜂起（ほうき）した。また孫文の中華革命党が袁世凱退陣要求の檄（げき）を飛ばした。各地の軍隊も続々と打倒袁世凱運動に加わり、それぞれの地で軍事政権が割拠（かっきょ）した。

袁世凱政権は大きく揺らぎ始めたのである。

私がもうこれ以上日本にとどまっている意味はなくなってきた。袁世凱打倒運動の現場に身を投じたい思いがやまなかったからである。もちろんもっと系統的に西洋の民主思想を研究したい気持ちに変わりはない。だが、今はもう研究の時期ではなく、行動の時なのだ。

帰国を決意して上海の土に足を踏み入れたその頃、袁世凱は皇帝からの退位を余儀なくされた。国内の分裂、列強からの揺さぶりにとうとう耐えられなくなってしまったからである。ほどなく失意の中、袁世凱はあっけなく死んでしまった。帝制は、結局は破綻したのだ。ただ残念なのは、袁の後継を名乗る軍人たちのさらなる抗争と混乱にすり替わる結果になったことである。

その頃北京大学学長に就任したのは、蔡元培先生であった。廃止される前の科挙で最優秀の進士に合格していた蔡先生は、ドイツで哲学や美学を学び、帰朝後北京大学の改革に大なたを揮いはじめていた。学問・思想の自由を何よりも重んじ、清朝の京師大学堂時代からの旧態依然とした空気に新風を吹き入れたのである。

最初に手をつけた人事は、「新青年」で全国の青年たちの声望を集めていた陳独秀を文学部長に招聘することだった。さらにアメリカから帰国した胡適を筆頭に欧米留学生出身の若い学者を国の内外から集めた。

蔡学長、陳文学部長を中心とした北京大学は、やがて文学革命・新思想運動のメッカとして、国内の文化運動や社会運動に大きな影響力を与えていく。

そんなある時、日本留学中に知り合った政論家章士釗から呼び出しがあった。出会うなり、章はいきなりこう語るのだった。

「李君、君にお願いがある。君の真理への誠実な探究心と弛まぬ向上心を見込んでの頼みだ。私はいま北京大学の図書館主任の仕事をしている。だが、君に比べて読書量は及ばないし、学問への真摯さも欠けていて、とうてい私の任ではない。

何よりも私の関心は政治の世界にあるのだ。それでこの度退職することにしたが、その後任に君を推薦しておいた。蔡学長はどこで知ったのか、君の見識を高く評価していたから、一も二もなく承認してくれたがね。どうだ、引き受けてくれるだろうね」

私はびっくりした。私にとって願ってもない就職先を紹介されたありがたさはもとよりであるが、何よりも図書館という人類文化の宝庫で仕事が出来るのは、大きな喜びであったからだ。

その数日後、北京大学学長の蔡先生から連絡があって、正式に図書館主任の辞令を手にすることになった。大学の教員になると、早速陳独秀が来て、歓迎の握手を求めた。そして「新青年」の編集同人に加わることを強く依頼された。新青年社で、私は胡適、魯迅、周作人ら新文化運動の旗手たちと知り合いになるのである。

ロシア革命の衝撃

図書館は新しい世界への扉であり、私の世界観探究の基盤であった。それを知ったのは、留学先の早稲田大学の図書館である。そこは確かに人類の叡智の宝庫であると実感した。とりわけ日本語ばかりでなく諸外国の原書に触れられるのが、新鮮だった。またさまざまな新聞・雑誌は日々目を通した。いま世界に何が起こっているのか、これからどう向かっていくのか、それらを知る材料がふんだんに提供されているからだ。

帰国して北京でしばらく、新聞・雑誌に寄稿することによって食いつないでいた時期も、街にある通俗図書館（後で知ったことだが、ここの管轄をしていたのは、当時教育部社会教育司科長の魯迅だった）をよく利用していた。

三月のある日（露暦二月）、ロシアで革命が勃発したことを初めて知ったのも図書館だった。辛亥革命に遅れること五年にして、ロシアでもロマノフ王朝が倒れ、皇帝の圧政に終止符が打たれた。

革命後の中国は、帝制復活を狙う保皇派や政権を私物化する政客・官僚、各地に割拠する軍閥などの争いで、混迷の闇に包まれている。革命ロシアは果たしてどうなるのか、他人事ならぬ思いでその行方を注視していた。軍人が主体となった辛亥革命に比べ、ロシアでは革命党に率いられた民衆の力が大きいことに目を瞠った。

中国の課題は、民衆自身の力を結集する場がないことではないか、さらにそれを導く確固たる革命指針が欠けているからではないか、と気づいた。ロシアの民衆革命の熱気が中国への大いなる刺激になることを期待し、その後のロシアの動静から目が離せなかった。

十一月七日（露暦十月）、ロシアで世界初めてのプロレタリア革命が起こった。二月革命は皇帝を玉座からひきずり下ろしたが、自由主義的ブルジョアたちが革命の果実を簒奪しようとする形勢を示していた。まるで辛亥革命後の袁世凱たち軍閥のように。だが、レーニンに率いられるロシアのボルシェビキたちは労働者・農民・兵士のソビエト（協議会）という大衆基盤を武器に、ブルジョアたちの野望を打ち砕いて社会主義政権を樹立したのであった。

これは何という夜明けであろう。何という光明であろう。何という新紀元であろう。希望と勇気が私の全身を貫いた。

辛亥革命の時、白雅雨先生をはじめ幾多の志士たちの流血の犠牲の上にうち立てられた共和国。にもかかわらず共和は束の間の夢に終わり、人々の願いは無残にも裏切られてしまった。帝国主義による領土分割はますます広がり、封建軍閥による民衆抑圧は清朝時代とほとんど変わりはなかった。

中国を蔽う暗闇はいつになったら晴れるのか。それを求めて、多くの志ある友と苦闘してきたのだ。今その前途にやっと灯りが見えてきたのではあるまいか。ロシアの道こそ私たちの求める道ではないのか。北方から轟く「十月の砲声」は、私たちに光明の予兆を届けてくれたのだ。

北京大学の図書館主任になった私に課せられたのは、図書館の大改革による思想・学問の刷新とそれを具体的に保障する新図書館の設立であった。蔡元培学長は図書館を諸学問をつなぐセンターと位置づけ、強い期待を寄せていた。

これまでの図書館は、清朝時代の旧弊をひきずって蔵書も中国の古典書籍が死蔵されているばかり、新時代にふさわしい図書館とは質量ともほど遠いものであった。私はさっそく蔡学長と図り、自然科学、社会科学、人文科学、さらに洋書や主要な新聞、雑誌などを取り揃えるように力を注いだ。学生がそれらの書を読んで議論できるような談話室を兼ねた新聞雑誌閲覧室も設けた。

その中で、大きく変動する現実世界を科学的に把握するための研究に私自身も懸命にとりくんだ。特にロシア革命に関するあらゆる情報を集めた。ボルシェビキの指導理論になったマルクス主義の文献を可能な限り読みあさった。

図書館主任室のすぐ隣が新聞雑誌閲覧室になっている。そこは新思想を求める気鋭の学生たちがしょっちゅう出入りする活気に満ちたスペースとなった。私もよく学生たちの議論の輪の中に加わり、彼らの疑問に答えたり、現実課題を投げかけたりした。その中から社会変革に熱を燃やす青年が多く生まれてきた。

湖南出身で指導力と誠実さを兼ね備えた鄧中夏がその一人である。また何事にも積極的で雄弁な張国燾、情熱的で行動力のある高君宇、文学的感性に恵まれ、研究熱心な羅家倫――彼らを中心に大学内の自主的な学生サークルがいくつも生まれた。彼らはのちの五・四学生運動の主力メンバーとなっていくのだ。

十月革命の研究をしていく中で、これまでぼんやりとしか理解していなかった民衆の力の具体的な像が見えてきた。ブルジョア革命の限界を乗り越えるためには労働者階級が起ち上がらなければならないということだった。

中国でも炭鉱労働者、鉄道労働者、紡績労働者、港湾労働者など資本主義の発達に伴って生まれた数多くの産業に、大量の労働者層が出現した。しかもそれは広大な農村から吸い上げられた労働力で、低賃金と過酷な労働環境の下に喘いでいる。都市の労働現場に集められた彼らこそが、新しい中国を主導する人間でなければならない。

閲覧室に集う学生たちに、私は労働の神聖な価値と労働者階級の歴史的使命を説いた。それに最もよく応えて行動したのは鄧中夏だった。彼は友人たちと「平民教育講演団」を結成して労働者街に入り、夜学校を開いて労学提携の先鞭をつけたのだ。

一九一八年十一月、世界大戦は終結した。連合国側の勝利は、強権に対する公理の勝利だと、中国でも沸き立った。中央公園で戦勝記念講演会が開催され、呼ばれて私も演説をすることになった。

私は、大戦の結果の本質は連合国の勝利ではなく、庶民の勝利であり、ボルシェビズムの勝利であり、それこそがこれからの世界の新しい潮流だ、と力説した。

「一七八九年のフランス革命は、十九世紀における各国の革命の先声であり、一九一七年のロシア革命は、二十世紀における世界革命の先声である」とも。

ロシア革命は、闇夜に呻き苦しむ中国の行く手にともされた灯りなのだ。

青年毛沢東

ボサボサの長髪、痩せてはいるが頑健な体格をした長身の青年が私の前に立っている。使い古したよれよれの棉袍を身にまとってはいるが、眼窩に宿る底深い目が強い印象を与える。彼はにこりともせずむしろたやすくは人を寄せつけぬような表情で私を見つめた。湖南省出身の毛沢東だった。

ある日、北京大学で倫理学を教えている同僚の楊昌済教授が図書館にいる私を訪ねてきた。彼は日本・イギリスに留学したが、帰国後は官途に就くような立身出世には目もくれず、故郷の湖南第一師範で青年の教育に専念していた。その声望と学問、志操の高さを蔡元培学長に見込まれ、私とほぼ同時期に北京大学に招聘されたのだ。

楊先生は図書館で何か仕事口はないかと訊ねた。ふだん学問・教育のことしか眼中に無いような彼には珍しい話題なので、私は少し驚いた。上京してきた志のある青年が職を求めているのだが、とやや遠慮がちに語る。自身も北京には出てきたばかりで人脈も乏しいため、新米教師同士として見知っていた私に声をかけたらしい。

もの静かだがその該博な知識と高潔な人柄に好感を抱いていた私は、その詳しい事情を聞き出した。彼の話によれば、その青年は毛沢東と言い、湖南第一師範時代の教え子であった。進歩的学生の結社である「新民学会」を結成して時代の革新をめざす、思考力も実践力も兼ね備えた優れた青年のようだった。

北京大学の図書館は移転新設したばかりで整備中のため、一人ぐらいは何とかなる。ただ給料は高くないし、仕事内容も彼が納得できるものかどうかは判らない。毛の生活事情は逼迫しているらしく、まず日々の糧が得られることと、図書館の仕事は彼の希望に添うことを告げ、楊先生はホッとした表情で私に頼むと手を握った。数日後、毛は図書館助手として新聞雑誌閲覧室で働くことになった。

毛沢東はこれまで会った青年の誰とも違っていた。まず身なりは全く構わない。学生たちのほとんどは当初彼を見て、大学構内に紛れ込んだ浮浪者の一人と思ったのではないだろうか。社交的な愛想などてんから考えてないような男だった。さすがに私には挨拶はするが、何を考えているのか容易には窺えない茫洋とした表情で、大きな身体をゆったりと運んでいる。それでいて鈍重ではなく、むしろ常に目的をもった無駄のない活動ぶりだった。

学生とさして世代は変わらないが、話を交わしている姿をあまり見たことはない。というより出入りする学生たちの多くは彼を無視しているようだった。

ある時、主任室で彼と仕事の打ち合わせをしたあと、訊いてみた。

「仕事は慣れたかね?」

「新聞、雑誌の整理や展示については大丈夫です」

「学生たちからいろいろ問い合わせはあるだろう?」

「ほとんどないです。多くの学生は私なんか眼中にありませんよ。私の言葉が通じないせいもあるのでしょうが・・・」

彼は少し皮肉っぽい笑いを浮かべながらそうボソッと答えた。湖南訛(なま)りの強い毛はそれを自覚していた。しかし、ことさらそれを改めようとはしなかったし、表情に卑屈の色はなかった。

そこへ数人の学生が私を訪ねてきた。街中に入り、生活と文化の向上を訴える「平民教育講演団」のグループである。彼らは北京郊外にある唐山(とうざん)炭鉱の労働者に組合学校設立の働きかけをしに行っていた連中だった。私の顔を見るなりまず口を切ったのは張国燾(ちょうこくとう)である。彼は毛を一瞥(いちべつ)したが、構わず滔々(とうとう)と炭鉱労働者の実情についてしゃべり出した。話の腰を折られた形の毛は憮然(ぶぜん)として仕事場に戻るため部屋から出ていこうとした。

「おい、君は毛じゃないか?、長沙(ちょうしゃ)の毛沢東だろう!」

と、その時声をかける者がいた。

「ん?、そういう君は、・・・、ああ、君か、鄧中夏(とうちゅうか)か?」

学生たちの中にいた鄧中夏が毛沢東を見つけて声をかけたのだ。彼らは同じ湖南省出身で旧知の仲だったのである。北京大に進学した鄧は、私の指示でここしばらく唐山でオルグ活動（組織工作）をしていたため、毛が上京して図書館の仕事をしていることは知らなかったのだ。

「李先生、本当に奇遇ですよ。湖南で共に語り合った毛と私がここで出会えるだなんて・・・」

鄧は顔をほころばせ改めて毛を引っぱり出し、私に湖南時代からの交遊事情を語った。

鄧中夏と出会ってほぐれたせいもあったろう、それからは目に見えて毛の態度はうち解けてきた。仕事の合間に私の所に来て、最近の新聞記事から得たニュースについての感想を述べ、私に問いかけてくることが少なくなかった。とりわけロシア革命や社会主義については強い関心を示した。その問題意識の鋭さは、私の周りでは鄧中夏と並んで双璧（そうへき）だった。

「君が北京に来た目的は、確かフランス留学運動を進めるはずだったね。湖南の青年の渡航を多く世話している君自身はなぜ北京に留まっているのかな？」

「これからの中国は世界の新時代の動きをしっかりとらえ、その思想文化の精髄を学ばなければならないと思うからです。でも、それは留学する彼らに任せます。私自身はまだ中国をつかめていない、だからこの国を変えるためには、もっとわが国の歴史と社会、なにより も民衆の実態を深く知らなければと思って残ったのです」

強い意志を秘めた表情で、毛はそう語った。

私が関わっている「少年中国学会」や「新聞学研究会」など学内外の進歩的なサークルを紹介すると、毛は積極的にそれに参加した。また仕事の合間には大学の興味ある講義を聴講していた。

だが毛の実践的関心は、軍閥張敬尭が牛耳る故郷湖南の政治状況を変えることにあったらしい。親友の蔡和森らのフランス渡航を見送ると、彼は湖南の長沙へ戻っていった。

毛が北京を去ったあとだった。楊昌済先生と話す機会があった。毛の話に及んだ時、楊先生は顔をやや赧らめて、彼の娘と毛が恋仲であることを洩らした。その娘楊開慧はやがて長沙へ帰り、毛沢東と結婚したと聞いた。

朝鮮三・一独立運動

「新世紀の曙光が現れた！　新世紀の暁鐘が鳴らされた！　わが熱情あふれる青年よ！　すみやかに起ち上がれ！　人々を目覚めさせる活動に力を尽くそうではないか！」

私は新聞「晨報」に、「現代青年の活動方向」と題してそう書いた。

ロシア革命の成功と世界大戦の終結は、世界規模の大変動を呼び起こした。フィンランド、ドイツ、オーストリア、ハンガリーなどヨーロッパでは革命の高波が押し寄せた。インドのガンジーはイギリスへの非暴力抵抗運動を始めた。トルコのケマル・パシャはオスマン帝国打倒運動の先頭に立った。エジプトの反英独立運動も激しさを増した。私が留学した日本でさえも、当時は想像もつかなかった「米騒動」という民衆運動が各地で頻発した。

世界は揺れている。大激動時代に入ったのだ。毎朝、新聞を開くたびに世界のあちこちから自由と変革を求める鼓動が伝わってくる。私は食い入るようにそれらが掲載されている紙面を見つめ、それがあらわす社会的意味を考えるようになった。

一九一九年二月のある日、図書館主任室で資料を調べていた私は扉をノックする音を聞いた。戸を開けると、そこにこの頃よく新聞雑誌閲覧室で見る学生の顔があった。

「ああ、裵(ペ)君か、何か質問かな？」

東北部にある間島(かんとう)地方から入学したばかりの朝鮮人学生裵元植(ペウォンシク)だった。きまじめで、日本に占領されている祖国のことを深く悲しみ、時折りそれをぶつけるように私に訴える好青年だった。

その彼が私に会わせたい人がいると、廊下の向こうにたたずむ人影に声をかけた。商人のような身なりをした男が顔に笑みを浮かべながら近づいてきた。

「やあ、俺がわかるかい？　〝大釗(たいしょう)先生〟」

「おお！　まさか君は・・・光洙(グァンス)か？　いったいどうして？」

男の姿こそ変わっているが、その不敵なまなざしはまぎれもなく早稲田大学で知り合った李光洙(イグァンス)だった。突然の彼の出現に私はいささか面食らった。裵元植の言うところでは、李(イ)は彼の兄の友人で、東京から上海へ行く途中で、朝鮮の独立運動に関わる集まりのために北京に寄ったとのことらしい。

李光洙はさっそく堰(せき)を切ったように話し始めた。植民地化された朝鮮の苦痛に満ちた今日の情況を。彼が朝鮮近代小説の先駆けと評価された「無情」を書いて、にわかに文名が上がったことは、日本の新聞で読んだことがある。

鋭敏な彼は民族の独立を熱望して、今はペンを傍らに置き、抗日運動に奔走していた。大戦後の民族自決運動の世界的な高まりに刺激されて、彼は学生そして天道教やキリスト教などの宗教指導者たちといちはやく独立宣言集会開催を画策していた。「二・八独立宣言」の起草に関わったが、身辺を嗅ぎ始めた特高警察の動きを避けるために日本を離れたという。

「いよいよ俺たちはやるぞ！　あの残酷な憲兵政治の下で、手足と口舌の自由を奪われながらどれほど我慢に我慢を重ねてきたことか。ついに独立を叫ぶ日が近づいてくるのだ。

今回日本を脱出して中国へ来たのは、わが民族の臨時政府を上海に樹立させるためなんだ。この北京で間島地方の朝鮮独立期成会やシベリアの全露韓族会の代表たちと待ち合わせて、これから上海へ向かうことになる。

大剣！　見ていてくれ、朝鮮の独立運動は今にきっと世界を驚かせるだろう」

東京で私に語った時に色濃かった絶望と虚無からの冷笑的な影は消え、李光洙の今の表情は燃える情熱に赤みを帯びていた。その熱気に感染させられたようにまだ少年のような裵元植の顔色も紅潮してきた。

李光洙はさらに具体的に独立運動の進展状況を語った。現地朝鮮で活動する志士たちの植民地下での抵抗計画をはじめ、中国やアメリカに亡命している国外の同胞たちへの呼びかけを強めていることなどを。

それは同じ日本の軍国主義に山東半島などの国権を脅かされている中国にとっても他人事ではない迫真力にみちた話だった。自分ひとりだけがそれを聞いているのはもったいない。私は陳独秀教授も呼んできて、一緒に李光洙の話を聞くことにした。陳独秀もそれに身を乗り出すように聞き入った。李は次の日、上海へ向かった。

ひと月も経たない三月一日、朝鮮の京城から大きなニュースが飛び込んできた。パゴダ公園に集まった学生四、五千人に一般民衆も加わって、独立宣言が読み上げられたのだ。一斉に「大韓独立万歳！」の声が響きわたった。民族のシンボルである太極旗が振られた。やがて人々は市中に繰り出し万歳デモを敢行したのである。日本による植民地支配下に耐えていた朝鮮民衆の独立への思いは一気に噴き出てきた。独立万歳の叫びはまたたくまに朝鮮全土を駆けめぐったのである。

当初予期せぬ朝鮮民衆の激しい決起に呆然としていた日本の総督府は、やがて憲兵隊だけでなく軍隊まで動員して、苛烈な弾圧体制を布いた。にもかかわらず朝鮮民衆の万歳デモは止むことなく半島の隅々まで一ヶ月以上も続いた。それはとりもなおさず多くの流血と犠牲を生み出して、世界を震撼させた。

新聞でこの三・一独立万歳事件のニュースを知った私は、すぐ陳独秀の研究室に駈け込んだ。

「陳先生、先日李光洙が言っていたことが本当に現実のものになりましたよ。朝鮮民衆がとうとう日本の圧制から起ち上がったのです！」

陳独秀はすぐ新聞の記事に目を食い入らせた。彼はやがて呻くように言葉を吐いた。

「すごいな、朝鮮民衆の力は！　武力を用いず徒手空拳の民意をもとにしてここまで起ち上がったんだ。李先生、これは革命史の新しい紀元だよ！　それに比べると、ああ、わが中国は・・・」

「先生、私たちもどうして無告の民に甘んじることができましょう。暁に向かって叫びを上げた朝鮮民衆に学ばなければなりません。それに続くための方策を考えましょう」

陳独秀は新聞を読み終わると、しばし目をつむり思いにふけっていた。やがて彼は研究室に戻ると、すぐさまその時感じた思いを「朝鮮独立運動の感想」と題して書き上げ、雑誌に発表した。


「朝鮮民族の光栄ある活動によっていっそうわれわれ中国民族のふがいなさが明らかになった。朝鮮民衆に比べてまことに恥ずかしい・・・」

新聞雑誌閲覧室に出入りしていた学生たちの間でも、朝鮮の三・一独立万歳事件は自分たちの問題として大きな反響を呼んだ。

五・四(ごし)運動の爆発

世界大戦のさなかに勃発したロシア革命で、レーニン率いるソビエト政権は、民族自決による即時講和を全交戦国に呼びかけた。同時に帝制ロシアの領有したバルト三国やポーランドの権益放棄を宣言した。しかし植民地を持っているイギリス・フランスなどの列強は、これを無視する。

それに対し、アメリカのウィルソン大統領は民族自決は貴重な提案だと評価し、大戦終了後のパリ会議に発表した「十四ヶ条の平和原則」にも民族自決をはっきりと打ち出した。これは世界的に予想外の反響を呼び、中国の民衆も大きな期待と幻想をふくらませることになった。

そういう中で進められた戦後処理をめぐるパリ講和会議の行方には、私たちもひとかたならぬ注目を寄せた。日本が大戦のどさくさにまぎれて横取りした山東(さんとう)半島などのドイツ権益を、中国に返還せよという声が国内で日増しに高まってきたのである。

一九一九年の四月、山東問題を討議したパリ会議は、中国の主張をほとんど斥(しりぞ)けるばかりか、対独講和条約に日本の権益を大すじ承認することが明記されてしまった。しかもすでに前年、日本の要求を中国政府が政治資金と引き換えにして「欣(よろこ)んで同意する」と応えた密約を、親日派の高官である曹汝霖・章宗祥・陸宗輿の三人が交わしていた事実が、会議の中で暴露されたのである。

パリ会議の結果のニュースが飛び込んできたのは、五月の一日だった。私たちにとってはまさに寝耳に水だった。パリの中国外交筋からの電報を受け取ったのは、北京大の蔡元培学長である。彼はすぐに私たち教員や学生サークルの主だった者を集め、悲痛な表情で中国にとって許しがたい電文の内容を伝えた。

北京大学構内は騒然となった。図書館に集まってきた鄧中夏、張国燾、高君宇らは、北京市内の各大学・専門学校のリーダーたちに連絡を取って、政府への抗議行動の計画を熱心に話し合っていた。当初五月七日に予定されていた国恥記念日の集会が急遽繰り上げられた。

そして五月四日の朝――、晴れわたった青空はどこまでも広がっていた。この日は、中国近代史上初めて学生たちが大衆行動に起ち上がった歴史的な日となったのである。

日曜であったが、鄧中夏たちから学生の動きを聞いていた私は、図書館へ向かった。主任室の隣りにある新聞雑誌閲覧室には、すでに何人かの学生が集まっている。国民雑誌社の鄧中夏、許徳珩、新潮社の傅斯年、羅家倫の姿があった。やがてその中の一人である許が扉を開けて私の前に現れた。

「先生、見て下さい、今書き上げました。天安門の集会で読み上げる宣言文です」

きまじめな許徳珩らしいかっちりした楷書で書かれた墨痕(ぼっこん)新たな文字に目を走らせた。


「山東を失うことは、中国が亡びることだ。中国の土地を踏みにじることはできても、中国の人民を黙らせることはできない。わが民族の大地と歴史が冒瀆(ぼうとく)されたのだ。わが同胞(どうほう)よ、起ち上がれ！」


宣言はそう結ばれていた。私は許の肩を叩いて賛意を表した。

昼近くになると、大学構内には、休日にもかかわらずおおぜいの学生たちが行き来していた。あちこちに幾つものグループがかたまっている。旗や幟(のぼり)に字を書いている者、大量の小旗を作成している者、口角(こうかく)泡を飛ばして論じ合っている者、その中には、女子高等師範の女子学生も混じっていた。図書館のある紅楼(こうろう)の玄関前では、張国燾(ちょうこくとう)が校内にいる学生たちに向かって集会参加を求める熱弁を振るっていた。昼過ぎになった。大学正門に学生たちの隊列が集結してきた。

「外に主権を争い、内に国賊を除け！」

「二十一ヶ条を取り消せ！」

「わが山東を還せ！」

「売国奴の曹汝霖・章宗祥・陸宗輿の馘を切れ！」

さまざまなスローガンが書かれた幟が林立した。すでに二千人以上が集まっている。総指揮は、傅斯年である。張国燾と鄧中夏が横断幕を持ち先頭になって、天安門へ向かって出発した。蔡元培学長や陳独秀文学部長と共に、私は正門に立ち拍手で彼らの壮行を見送った。

夕方近く、図書館の主任室にいた私のところへ真っ青な顔をして駆け込んできた女子学生がいた。高君宇の恋人で女子高等師範に通う石評梅である。

「李先生、大変です。すぐ来て下さい。デモ隊に警官隊が襲いかかってたくさんの学生たちが血を流しています！」

驚いた私は、すぐ大学を飛び出した。途上で石評梅に聞くと、学生三千人は天安門前に集まった後、抗議のために日本大使館に向かおうとした。ところが公使館区域の警官隊に阻まれたという。そこで近くにある曹汝霖の屋敷に押しかけたらしい。

曹汝霖に会見を申し入れたが、拒まれたばかりか武装衛兵が先頭にいた代表の許徳珩や張国燾たちに銃剣を向けたという。デモ隊は激昂して屋敷内に乱入した。多数の学生が数ある室内を物色して曹汝霖を捜したが、ついに見つけられなかった。怒りの余りある学生は、マッチの火でタバコを点(つ)けひと口吸ったあと、投げ捨てたらしい。それが燃え上がり、火事騒ぎまで起きてしまったのである。まもなくおおぜいの警官隊が駆けつけ、デモ隊を包囲襲撃したということだった。

私たちが天安門へ向かう途中で、血まみれの多くの学生が逃げてくるのに出会った。彼方を見ると空は赤く染まり、警官たちが学生を追い散らしているではないか。

「あっ、君宇(くんう)！」

石評梅が叫んだ。すぐ前方に、額から血を流した学生を支えつつこちらに向かってきた背の高い高君宇の姿が見えた。

「ちょうどよかった評梅(ひょうばい)、彼の手当を頼む。ああ、李先生、たくさんの学生が官憲に逮捕されました、数はまだわかりません。でも十人やそこらではありません。また死者も出たという噂も耳にしました。

どうやら許徳珩も捕まったようです。張国燾はひどく殴られましたが、何とか逃げ切ったらしい。鄧中夏の姿が見えないのが心配でなりません。僕はこれから大学に戻りすぐ他の学生たちと対策会議を開くつもりです」

高君宇の度の強い眼鏡も半ば割れて、頬から血がにじんでいる。

「わかった。私もすぐ大学に戻り、蔡元培学長にこの状況について報告する。警察にもかけあわなければならないだろうから、事情のわかる学生を学長室に寄こしてくれたまえ」

私の話を聞いた蔡学長は顔色を変え、すぐに政府関係者に電話した。学長室には、多くの教授たちも心配そうに集まってきた。やがて頭に包帯をした鄧中夏が現れた。病院に運ばれ応急手当をしてもらったあと、駆けつけたのだという。

それぞれの話を総合すると、逮捕された学生は三十二名、重軽傷者は各病院に運ばれた者だけで数百人には上るようだ。

蔡学長は政府に警察の横暴を非難し、愛国的学生を即時釈放せよという抗議書を送り、同様に各新聞社にもそれを通知した。その晩、各大学の教職員代表が学生の拘束されている留置場に出向き、面会を求めた。私もその中の一人だった。学生たちのほとんどはどこか怪我をしていて血と汗にまみれていたが、意気は軒昂（けんこう）としていた。口々に「山東半島の権益を回復せよ！」、「日本帝国主義を糾弾する！」、「曹ら三人の売国奴を許さない！」、と叫んでいた。

その時、監房の格子の間から私に向けて一枚の紙切れが差し出された。見ると、大会宣言文を起草した許徳珩からである。彼は小声で告げた。

「李先生、これを鄧中夏か張国燾のどちらかに渡して下さい」

私は彼の手をしっかりと握り、うなずいた。

翌日、北京大学の法学部講堂で、市内の学生たちの緊急集会が開かれた。議長は包帯姿も生々しい鄧中夏である。会場を埋めて集まった学生たちに向かって、学内きってのアジテーターである張国燾が傷だらけの顔を染めて絶叫していた。

「学友諸君！、三人の売国奴、何よりも日本帝国主義に対する満身の怒りと共に、今も獄中で敢然と闘っている英雄的仲間のことを一刻も忘れてはならない！」

彼は、やおら学生服の胸ポケットから紙切れを取り出した。

「ここに獄中の学友から届いたメッセージがある。我らの代表の一人許徳珩君からのものだ。彼は詩を書いて、僕に託（たく）してくれた。それを読み上げよう。

国辱（こくじょく）を雪（すす）がんがために、今囚（とら）われの身となる。
我ら三十二人、一人として死を怖れない。
売国奴を懲（こ）らしめ、欺（あざむ）きの館を焼き打つ。
身に燃え立つ不屈の炎は、全て救国のため。

諸君！、許君の思いは、北京の全学生、いな全市民、さらには全国民の思いではないか、売国政府からわが学友たちを奪還するために、今すぐ起ち上がろう！」

熱溢れる張国燾の呼びかけに、場内は地鳴りのようなどよめきと喊声(かんせい)で応えた。

この日から、多くの市民が逮捕学生釈放の請願デモに参加した。広東(カントン)軍政府元帥の孫文から保皇派(ほこうは)の康有為(こうゆうい)までも含めた各界の著名人士が、政府に学生釈放要請の電報を打った。かってない国民の憤激の圧力に軍閥政府はとうとう五月七日、学生たちを釈放する決断に追い込まれた。

学生逮捕に抗議する市内の学生たちにより北京学連が結成され、拘留から解放された学生たちの歓迎大集会が開かれた。その翌日から市内いたるところで学生たちの民衆に訴える姿が見られた。彼らの熱意と行動力は帝制ロシアのナロードニキの青年たちを思わせた。欺瞞(ぎまん)的なパリ講和会議を批判して、日本帝国主義の貪欲(どんよく)な野望と政府高官たちの売国的な本質を精力的に説き回った。

やがて学生運動の広がりは北京ばかりではなく全国に波及し、上海では商人たちも同調する閉店ストに日貨ボイコット運動、労働者と学生のストライキ闘争が起こった。

全国的な運動の高まりの中で、軍閥政府もとうとうパリ講和条約への調印を拒否せざるを得なくなった。民衆の声が政府の決定を揺り動かしたはじめての出来事となったのである。

盟友陳独秀

新文化運動を先導する雑誌「新青年」の果たした役割はきわめて大きい。その主宰者であり、請われて北京大学文学部長に就任した陳独秀(ちんどくしゅう)の声望も、全国の青年学生の中では赫々(かくかく)たるものがあった。その鋭いジャーナリスト的感性、封建的で陳腐(ちんぷ)なものへの徹底した反逆精神、さらに新しいものを吸収してやまぬ進取の気性、それらをひっくるめた人を揺り動かすそのカリスマ的な影響力は、私も敬服し、いつも感嘆するところだった。

陳独秀はパリ講和会議の行方を憂い、同時にふがいない中国政府の対外交渉力に歯噛みをして口惜しがった。このところ会えば、思想や文化の話題よりも時局批判が彼の口から飛び出てきた。

そこで私は「新青年」とは別に、激動する情勢に対応した新たな政論誌(オピニオン)の必要を彼に持ちかけた。現実に対して批判的なメッセージを送りたかった彼は、私の提案に一も二もなく賛同してくれた。そればかりではない、自ら編集長をひきうけてくれた。こうして「毎周評論」が発刊されたのだ。

いったん方向性が決まると、陳独秀のエネルギーは大したものだった。中国社会の諸現象に対して、簡潔で急所を衝(つ)く記事を彼は大量に書き上げた。

私たちは毎日のようにそれぞれの研究室を往復して語り合った。当初はロシア革命にいくぶん懐疑的だった彼も、ソビエトで行われている社会改造の情報に注目するや、マルクス主義の現代性・思想性にたちまち共鳴するようになってきた。私たちは討論と研究を進める中、中国社会の発展方向はソビエト政権の変革の道しかないことで一致した。そんな時期に、私たちに大きな希望を与えたのが、五・四(ごし)運動での学生たちの決起だった。

学生運動の炎はかってない勢いで全中国に広がり、国民各層へのめざめの鐘を打ち鳴らした。辛亥(しんがい)革命のあと軍閥により挫折・幻滅した民主共和の夢は再び息を吹き返したのだ。今こそ日本を先頭とする帝国主義国とそれに身を売る軍閥政府への闘いを国民に直接訴える時機である。

ある日いつものように語り合っている時、にわかに陳独秀の目が光った。

「李先生、学生の行動に我々も学ばなければならない。知識人の枠に留まっていていいのだろうか？　我々にもできる直接行動に起(た)ち上がろうではないか」

「学生の思いを孤立させず、我々が支援することも、また我々自身の救国の意志を表明することもきわめて大切だ。では具体的に何ができるのだろう？」

「北京大の教員、さらに他大学の教員も交えて学生のように幟(のぼり)を押し立ててデモするのはどうだろうか。インパクトがあるぞ。・・・だがなあ、実際どれだけの教員がデモに参加するかな？」

「北京市民に訴えるビラを撒(ま)くという手は？」

と、私は問い返す。

「うん、それならすぐにでもとりかかれるな、よし、それで行こう。ビラの文面はさっそく私が考えてみる」

私たちは同僚や学生たちと共に市民向けビラの配布方法を検討した。

六月十一日は行動の日となった。陳独秀は自身が起草した「北京市民宣言」を胡適(こせき)教授に依頼して英文に翻訳してもらった。中国語と英語によるそのビラを、同僚の高一涵(こういつかん)教授らと共に北京の中心街である新世界でばら撒いた。私と学生の鄧中夏(とうちゅうか)らは、下町の繁華街である城南遊芸園(ゆげいえん)付近でそのビラを配った。

図書館に戻ってまもなく、机上の電話が鳴った。受話器の向こうから蔡元培(さいげんばい)学長の緊張した声が飛び込んできた。

「李先生ですね。ああ、よかった、戻って来られて。ところで陳学部長が警察に逮捕されたことはご存知ですか？」

「えっ？　本当ですか、まさか？　つい三時間ほど前に陳先生たちと打ち合わせて、分かれたばかりなのに」

「陳先生と一緒にビラを撒いた高先生が何とか警察の目をくぐり抜け、先ほど学内に戻って私にそのことを知らせてくれたのです」

「どこに拘留されているのですか、すぐ私は彼に面会に行きます」

「それはだめです。あなたも警察に睨(にら)まれてるんですよ。私はこれから教育部や警察の筋にも当たりますから、李先生は自重して私に任せて下さい」

事前に察知して待ち構えていた公安警察によって、陳独秀は現行犯逮捕されたらしい。蔡学長はその広い人脈を駆使して、政府部内や文化人はもとより、新聞社・出版社などにも陳独秀逮捕の状況を伝え、釈放要求を警察に働きかけるため精力的に動いた。

陳独秀の名はやはり絶大だった。新文化運動の司令塔の投獄は、全国の青年学生や文化界から大きな憤激を呼んだのだ。政府もその勢いに押されて結局は陳独秀の釈放を余儀なくされた。

釈放の日、喜びを抑えきれない私は、自ずと湧き出てきた思いを「陳独秀の出獄を歓ぶ」という詩にして、雑誌「新生活」に発表した。

あなたは今、監獄から出てきた、

私たちはとても嬉しい！
数多くの青年たちは、
すでにあなたのあの言葉を実行している、
「研究室を出たら監獄に入り、
監獄を出たら研究室に入る」
彼らはみな監獄に入った、
監獄はたちまち研究室になった
だから友のない寂しさを嘆くことはない。

学生たちにも大きな影響を与えたスローガン「研究室を出て監獄へ、監獄を研究室に変え」を自ら実践した陳独秀教授の信念と闘志への強い共感から書き上げたものである。しかし軍閥政府は、出獄後の陳独秀への監視を容易には緩(ゆる)めなかった。彼は自宅から出られず軟禁状態に置かれた。このままでは自由な市民活動はおろか、教育活動さえもできない。そこで大学の同僚と話し合った結果、彼を北京から脱出させ、租界のある上海に行くように図った。
自動車や鉄道は官憲の目が光っているので危険である。私は東北地方に行商に行っていた祖父のことを思い出した。さっそく騾馬車（らばしゃ）を雇い、身なりを行商人に変え、私たちは北京の東口にあたる朝陽門（ちょうようもん）から出ることにした。門の番兵との折衝（せっしょう）は御者役の私が当たり、何とか無事通りぬけることができた。

そのまま陳独秀を天津港に送り、上海行きの汽船の切符を手渡した。出航する前に彼と私は物陰でひそかに固く手を握りあった。

「君もくれぐれも気をつけたまえよ。これからは北と南に分かれるが、民衆を解放する志は同じだ」

「社会変革の扉を押し開くために、陳先生もお元気で！　きっと連絡をとりあって進みましょう」

私を見つめる甲板上の陳独秀の目は、新たな決意に燃えたっていた。

目覚めゆく学生たち

今日は日曜で大学は休みだが、私は図書館へ行った。学生たちとの打ち合わせのためだ。北京郊外の京漢鉄道長辛店工場に、私たちは労働補習学校を設立したのである。日曜や夜に、学生たちは鉄道労働者に読み書きを教えに行く。そのあと労働者の賃金要求や権利獲得など労働組合づくりについて語り合うのだ。

鄧中夏や張国燾たち十人ほどの学生を送り出したあと、久しぶりに昼を家族と過ごそうと図書館を出た。その時、蔡元培学長とばったり行き会った。

「ああ、李先生、お会いできてちょうどよかった。実は先生に立ち入ってお話があるのです」

「学長、何でしょうか?」

「李先生、はっきり言いましょう。恵まれない者たちへの先生の限りない同情の思いには、私も感銘の至りです。先日も事務部から聞きましたが、授業料が払えず除籍処分になりそうな劉仁静君の分を先生は立て替えられたそうですね。それだけではない、先生はそれほど多くない給料を学生たちの支援や社会運動へのカンパに投じていると聞いています。

先生のお宅を訪ねた学生たちからもこんな声が伝わっています。失礼だが、先生の家には本以外家具調度品は必要最低限のものばかり、食事も質素で、奥さんの才覚でなんとか切り盛りしているとか。

それを聞いては黙っていられません。先生のご気性を考えるとご家族のことが心配だ。まず給料は事務部より直接奥さんに手渡す方がよいと判断しました。ぜひご了解願います」

私はひと言もなかった。言われる通り、私の活動のため妻や子どもたちに負担をずっとかけっ放しだ。蔡学長の推薦で図書館主任と教授の椅子を得ても、家計はちっとも楽にならなかったからだ。私は蔡学長の心遣いにただ頭を下げるばかりだった。


わが家に近づくと、家の中からいつもと違う笑い声が聞こえてくる。戸を開けると見知らぬ青年たちがテーブルを囲んでいるではないか。趙紉蘭（ちょうじんらん）が私を見て、声を上げた。

「よかった、思ったより早く帰って来て。あなた、天津から学生さんたちが訪ねて下さったのよ」

男の学生二人と一人の女子学生は、私を見るなり席を立って、かけよってきた。

「李先生ですね、突然おしかけてすみません。私たちは天津からぜひ先生にお願いがあって来たんです」

お下げ髪をした小柄だが快活で敏捷（びんしょう）そうな女子学生が口を切った。彼女は鄧穎超（とうえいちょう）という直隷（ちょくれい）第一女子師範の学生だった。男の方は、眼鏡をかけて意志の強そうなのが北洋大学学生の張太雷(ちょうたいらい)、そして微笑をたたえたハンサムな南開(なんかい)大学学生が周恩来と名乗った。

席について、さっそく学生たちの話を聞いた。やはり鄧穎超が先に話し始める。

「李先生、私たちは北京の学生たちの五月四日の決起にとても共感しています。それに呼応して、天津でも反帝国主義・反軍閥政府の行動に起(た)ち上がった者です。『新青年』や『毎周評論』で李先生の論文をいつも愛読しています」

張太雷が続けて話した。

「私たちはいま、天津で『覚悟社』という学生結社の設立を検討しているところです。今の中国の現状を見過ごすわけにはいかない気持ちが学生仲間に澎湃(ほうはい)と湧き起こっています。その方向性を具体的にどうするか、まだ明確にはなっていません。それで、ぜひ先生にご指導をお願いしたいのです」

「天津からわざわざ来てくれるなんて、嬉しい限りだ。実は私も学生時代に天津にある北洋法政専門学堂で学んだのだよ。天津の街の匂いが君たちから漂ってくるようで懐かしいなあ」

その私の言葉に、学生たちの雰囲気は一気にほぐれた。しばらくは天津の話で盛り上がった。そのうち、周恩来が穏やかな口調で質問をしてきた。

「李先生、学生の組織ですが、単なるスローガンでの一致だけでは一過性のものに終わると思うのです。中国がなぜ半植民地状態におかれているのか、それを克服する道をどこに求めるべきなのか、それも含めた社会改造の課題を担う青年組織が求められているのではないか、と僕は思うのですが」

「周君だったね、君の指摘する方向はとても的確だ。怒りや悲しみなど感情だけで起ち上がっても、それだけでは長続きはしないだろう。中国社会を変える科学的道筋をつかまなければ本当に現状を乗り越えることはできない。そして、この社会の土台を担っている大多数の労働者・農民の立場に立って闘うことこそ、いま青年に求められているものだ。

北京の学生たちもようやくそのことに気づいている。いま具体的に労働者の中に入っていく取り組みを始めている。ぜひ天津の君たちと北京の学生たちが手をつないで新社会の先駆けになっていってほしい。そのためには一度私も天津に行くことを考えよう」

学生たちの顔がいっせいに輝きだした。鄧穎超は感激の余り、私の手を握った。

「先生、ぜひ天津で講演をして下さい。私たちはきっと多くの仲間を集めて待っていますから」

天津の学生たちが帰ったあと、趙紉蘭は私に茶を淹（い）れながら笑って言った。

「あの鄧という娘さんは面白い子ねえ。私をいきなり李先生の太太（おくさん）でしょう、と言うのよ」

「それが何でおかしいんだい？」

「家に来る初めての学生さんで、私を太太と呼んだ子は初めてよ。たいてい雇い人のおばさんだと勘違いするわ。私の恰好はとても太太には見えないものね、大学教授の家だから応対に出てくるのはきっと雇い人に違いないと思うらしいの。わが家にそんな余裕なんてないのにねえ。でも鄧さんは、私の目を見てすぐ判ったと言うの。私ってどんな目をしてるのかしら」

「うん、あの女子学生はとても明るい上に勘の方も鋭いようだね。見かけよりも本質を見抜く感覚があるのかも知れない」

「今日来た子たちは、みんな個性的でいい子たちだわ。穏やかな周さんは、娘の星華をすっかり懐かせたみたい。あなたが来るまで星華とずっと遊んでくれていたのよ」

「それぞれこれからの天津、いや中国を引っ張っていく有望な若者たちだ。張君は向学心溢れているし、周君は状況を広く深く、しかも具体的に把握できる優れた青年のようだな」

彼らがこれから私たちがめざす社会変革活動の有力な担い手になることを、私は強く確信した。

タワーリシチ＝同志

天津の学生張太雷から手紙が来た。

――李先生、先日は天津で「覚悟社」設立集会の記念講演をいただきありがとうございました。行く先を照らすような先生のひと言ひと言がぼくらの胸に刻まれました。それは今も脈うっています。ぼくらは先生の激励に勇気百倍の力を得て、天津での活動を進めています。

あれから周恩来君は、社会主義の本山であるフランスで働きながら学ぶことをめざしてその準備をしています。ぼくは先生の話からソビエトへの大きな希望が湧いてきて、今ロシア語を学び始めたところです。

幸い先生の紹介で知り合った露西亜語専門学校に通っている俊才の瞿秋白君から、いろいろ教えてもらってますます興味を抱きました。またお会いして、ソビエト社会の現状についていろいろとおうかがいしたくてたまりません。――

欧州大戦の勃発を機に、労働力の足りなくなったフランスで働きながら学ぼうとする志ある青年が多くなってきた。それは勤工倹学運動と呼ばれる社会的な青年運動としてわき上がった。やがてロシア革命のニュースが伝わると、その後に建国されたソビエトへの関心も急速に盛り上がった。張太雷がその一人であり、五・四運動のリーダーである瞿秋白はとりわけそうであった。湖南のあの毛沢東も並々ならぬ関心を寄せていることを同郷の鄧中夏から伝え聞いた。

その頃、北京大の同僚にロシア語を教えているポレヴォイと言う亡命ロシア人がいた。彼から最新のソビエト事情をたびたび仕入れることができた。

そのポレヴォイがある日、図書館の私の部屋を訪ねてきた。ソビエトの通信社の特派員が北京に来るのでぜひ会ってくれないか、という話だった。むろん喜んで私はそれを受け入れた。新生ソビエトの現状を知るまたとない機会となるからである。

そのうちポレヴォイから連絡があって、ソビエトの通信記者と会う日が決まった。図書館の主任室で私たちは待っていた。やはりソビエトの生の事情を知りたがっていた学生の張太雷、瞿秋白、張国燾も同席する承諾は得ていた。

扉を開けて、眼鏡をかけた白髪のポレヴォイが現れた。その後ろに髪の毛がブラウンで背が高く精悍な風貌の青年が入ってきた。つづいて中年の中国人の顔も見えた。

ポレヴォイがまず紹介した。

「こちらがウラジウォストクから来た『ダルタ通信社』記者のヴォイチンスキーさん、そちらもウラジウォストクに在住している華僑で通訳の楊明斎（ようめいさい）さん」

私たちも自己紹介して、互いに握手を交わした。

ヴォイチンスキーは明るい空色の瞳を輝かせながら、響きわたるバリトンで話しかけてきた。

「中国の進歩的な皆さんにお目にかかれて光栄です。私たちソビエトでも、いま五・四運動以降の中国の民衆運動の高まりには、関心と共鳴を寄せる声が多く上がっています。

私が中国に参ったのも、その運動の中心を担っている皆さんとぜひ直接話し合いたい、そして今後の活動の発展方向をお聞きし、私たちソビエトができる支援は何かということを取材したかったからなのです」

私がパリ講和会議から五・四運動、その後の運動の全国的発展の経過をかいつまんで話した。ヴォイチンスキーはロシア革命の勝利からソビエトの社会主義建設の現状について語った。レーニン、トロツキーらの指導者群像についても。

彼の率直で情熱的な語り口は私たちを魅了した。張太雷も瞿秋白も臆（おく）せずロシア語で日頃の疑問をぶつける。それに丁寧に説得力をもって答えているヴォイチンスキーからは、若いにもかかわらず並々ならぬ力量を感じとった。同時に革命を成功させたソビエトの若々しい息吹が熱く伝わってきた。とりわけ私たちが驚いたのは、ヴォイチンスキーの次の言葉だった。

「ソビエト政権は昨年の七月に対中国宣言を発表しました。帝制ロシアが中国に有していた東北地区での鉄道利権や租界など一切の権益を中国に返還するという内容です。こちらに来て初めて知ったのですが、このことは北京政府の隠蔽（いんぺい）により残念ながら中国民衆にはまだ明らかになっていないようですね」

ヴォイチンスキーはロシア語の宣言文を鞄（かばん）より取り出し、それを私たちに手渡した。瞿秋白は真剣になってそのロシア語原文に読み入った。私もまたソビエト政権が欧米帝国主義国と違い、被抑圧民族の立場に立った対応をすることに改めて感銘を深めた。

ヴォイチンスキーの話をもっと聞きたかったので、私はわが家に彼を招待した。彼は喜んで、翌日の晩に通訳の楊明斎を連れて訪れた。そこで私たちはそれぞれの国の状況ばかりでなく、互いの生い立ちも含めていろいろ語り合うことができた。彼は私より三、四歳若かったが、社会経験は実に豊かであった。

シベリアの森林労働者の家に生まれた彼は、帝制ロシアの圧政を嫌う家族と共に新天地を求めてアメリカに移住した。移民という苦境の中で世の矛盾にめざめた彼は、十代のうちから社会運動に参加した。

ロシア革命の勃発を知って、ただちにロシアに帰国し、ウラジウォストクでボリシェビキに入党する。反革命の白軍（はくぐん）コルチャークとの闘いで、捕まって投獄されてしまった。しかし脱走して赤軍(せきぐん)ゲリラに合流、やがて部隊の指導者に押し上げられて白軍を打ち破ったと言う。その行動力と胆力(たんりょく)を買われて、レーニンが創設した国際的な共産党の連合組織コミンテルンの国際部員に抜擢(ばってき)されたらしい。それで記者身分に身を変えて中国に入国、共産党設立を図るため北京に来たというのだ。私たちは語り合う中でまるで百年の知己(ちき)を得たように意気投合した。

ヴォイチンスキーの革命的情熱と開放的な人柄には、同席していた家族たちも惹きつけられた。趙紉蘭(ちょうじんらん)の用意した鍋を気さくに台所からテーブルに運んでくれた。食事中に訊(たず)ねた十才の李葆華(りほうか)の無邪気な質問にも身振り手振りを交えて楽しそうに答えた。初めて間近に見る外国人の様子に娘の李星華(りせいか)は目を丸くしていた。

心を開きあった話し合いの中で、私は、彼の説く前衛組織の結成に全面的に賛意を表した。しかし全中国に呼びかけるには、私よりもふさわしい人物がいることも自覚していた。私は彼に上海にいる陳独秀(ちんどくしゅう)に会うことを強く勧めた。「新青年」の主宰者としての陳独秀は青年学生にあまねく知られ、最も影響力を行使できる人物だからだ。

ヴォイチンスキーは、妻が勧めた白酒(パイヂウ)の盃を上げながら、熱をこめて叫んだ。

「タワーリシチ李、私たちの戦闘的友誼(ゆうぎ)に乾杯！」

「タワーリシチ？」

「そう、タワーリシチ、ロシア語ですが、同志という意味です。私と李先生は全世界のプロレタリア解放という共通の願いを実現するために闘うタワーリシチ＝同志なのです」

「同志!、いい言葉ですね、これから私も共産主義社会を求める仲間を同志と呼ぼうと思います。同志たちを励まし、鍛え、実践する前衛組織こそ中国解放闘争の機関車となるのですね、同志ヴォイチンスキー!」

コミンテルンから派遣されたヴォイチンスキーの蒔(ま)いた種は、多くの芽生えをもたらした。一緒に彼と語り合った学生たちは、明らかに行く手の彼方に光芒(こうぼう)を感じとった。マルクスとエンゲルスによって生み出された光源から、レーニンとロシア革命により現実となった光線が私たちに届いたのだ。

ヴォイチンスキーが上海へ去ったあと、私は、張国燾(ちょうこくとう)、張太雷(ちょうたいらい)を中心に高君宇(こうくんう)、劉仁静(りゅうじんせい)ら労働補習学校にとりくんでいる熱意ある青年たちに声をかけ、「マルクス学説研究会」を北京大学図書館でひそかに開いた。

「ロシア革命を成功に導いた前衛部隊であるボリシェビキのように、中国革命を担う革命組織が今こそ求められる。近々陳独秀(ちんどくしゅう)先生からも連絡があるだろうが、上海でもその動きが始まるはずだ。我々も北京で狼煙(のろし)を上げようではないか」

私はそう語りかけた。集まった学生たちの目は輝き、頬に血が上っていくのがわかった。みんなこの日を待っていたのだ。真っ先に張国燾が叫んだ。

「レーニンの呼びかけに応え、ロシア革命に続いてぜひとも我々の手で中国革命の新たな地平を開こう。僕は李先生に従い、その隊伍に加わる!」

張の発言を皮切りに、同席していた者たちの強い賛同の決意と声が相継いだ。その熱気を受けて、私は具体的に呼びかけた。

「まもなく全国的な革命組織が生まれるだろう。今日は北京でのその第一歩を踏み出したい。帝国主義に反対し、労働者・農民を解放する中国革命を必ず我々の手で闘いとるのだ。諸君に北京共産主義小組（しょうそ）の結成を提案する。全国の仲間と合流し、階級社会を廃絶するための歴史的な闘いに加わる我々は、これからは堅く結ばれた仲間となる。教師も学生もない、革命をめざす互いを同志と呼ぼう」

「共産主義小組」や「同志」という言葉に、一同は新鮮な響きを感じたようだった。互いに名前に同志をつけて、握手しながら肩を叩きあった。その後、北京小組には長辛店（ちょうしんてん）の鉄道労働者や唐山（とうざん）の炭鉱労働者、さらに北京近郊の目覚めた農民たちも加わってきた。

鄧中夏（とうちゅうか）は当然加わるはずだったが、折しも母の死と重なり、故郷の湖南に帰省中であった。北京に戻って来て、同志となったのはもちろんである。湖南ではあの毛沢東も精力的に共産主義グループを集めているとの知らせもあった。

上海の陳独秀から手紙が来た。その内容は、上海でも共産主義小組がすでに成立したこと、早く全国組織を立ち上げなければならないこと、また党名についての相談であった。それはロシアのボリシェビキが属している「社会民主労働党」やヨーロッパに一般的な「社会民主党」

がいいのか、それとも「共産党」がいいのか、というものだった。

私はすぐ返事を書いた。欧州大戦では、第二インターナショナルに属するドイツ、オーストリアなどヨーロッパの主要な社会民主党は軒並み階級的立場を棄てて祖国防衛主義に走り、国際的なプロレタリア戦線から脱落した。それでレーニンは第三インターナショナル＝コミンテルンを結成して、社会民主の党名を外し、共産党と名乗ったのである。この例からもぜひ中国共産党と名づけるべきだと書き送った。

陳独秀から、我々はレーニン派だから君の意見に賛成だという手紙が折り返しあり、これで党名は「中国共産党」と決まった。

一九二一年三月、陳と図り、各地に生まれた共産主義グループと連絡を取って、上海で党創立準備会を開いた。私も出席したこの会議で、党の臨時綱領とレーニン的組織の確立を決めた。また南方は陳独秀、北方は私が主担し、総書記を陳独秀にすることも内定して、七月に上海で、正式に創立大会を開くことにした。


「あなた、大学の事務で給料を受けとる時、今月も政府からの給料はこれだけしか出ない、と言って定額の二割ほどの二十五元しかもらえなかった。これで給料がカットされたのは三ヶ月連続よ。本当に大変になってきたわ。私たちはなんとか我慢するけど、育ち盛りの子どもたちがかわいそうね」

妻の趙紉蘭（ちょうじんらん）が珍しくそうこぼした。

事実この数ヶ月、大学だけでなく公務員の給料の遅配・欠配は当たり前になってきている。政府は軍閥同士の内戦のため多大な戦費をつぎこみ、国庫はほとんど空（から）に近い。全市の教職員は、それに抗議して給料の支払い要求のため連日集会を開いている。みな家族を抱えて何ヶ月も窮乏に耐えていたが、それも我慢の限界に達したのだ。一般公務員も同様で、生活防衛闘争に起ち上がらざるを得なかった。

ところが六月三日、国務院のある新華門（しんかもん）前で、警察隊が突如警棒を振り上げて集会参加者に襲いかかってきたのである。その暴力の嵐に、北京大学学長の蒋夢麟（しょうむりん）は負傷して動けなくなってしまった。私も顔を殴られて軽傷を負った。何よりも教職員会代表馬寅初（ばいんしょ）は額を割られて、人事不省の状態に陥ってしまった。こういう緊急事態の中で、副代表の任に当たっていた私は、すぐに次の日から反撃して打つ抗議行動の指揮をとらなければならなくなってしまった。

一方で、共産党創立大会が迫ってくる。周囲は派遣代表の一人は当然私だと思っていた。しかし今や政府と全面対決する教職員の賃金闘争を指導しなければならなくなってしまった以上、流血も予想される局面で私が北京を離れるわけにはいかない。

北京共産主義小組の会議を招集した時、私の置かれている事情を詳しく説明した。それは了承された。その結果を受けて、鄧中夏と張国燾の二人が大会に参加する北京代表に選ばれた。ただ鄧中夏も辞退せざるを得なくなってしまった。彼も、京漢鉄道労組長辛店分会のストライキ闘争の責任者になったからだ。それで劉仁静が代わりに大会に行くことになった。

一九二一年七月下旬、上海で中国共産党の創立大会が開かれた。

やがて大会に参加した張国燾と劉仁静が北京に帰ってきた。その報告によると、大会は官憲の圧迫により会議の場所を変えながら行われた。北京、上海はもとより、広東、山東、湖北、湖南、在日留学生を代表する全国十三名の総意により中国共産党の結党が宣言された。実は陳独秀も参加できなかったという。陳は、孫文の広東軍政府から広東大学の学長職を強く懇願され、その協議のために広州に行っていたのである。

大会では、張国燾が会議をリードしたらしい。

「南陳北李と呼ばれる陳独秀同志と李大釗同志が不参加なので、あれこれ議論が百出して、まとめるのに苦労しましたよ」

そう言いながらも、張国燾はやや得意そうに大会の模様を報告してくれた。

「湖南から参加した毛沢東が、先生や鄧中夏の顔が見えないので、残念がっていましたよ」

劉仁静が付け加えた。

流血の二月七日

「帝国主義の走狗呉佩孚よ、我々の声を抑えることは断じてできない！　プロレタリアの解放は歴史の必然である。京漢鉄道労働者万歳！、中国共産党万歳！」

軍閥呉佩孚によって銃殺される直前に叫んだ、と伝わる京漢鉄道ストの指導者施洋の最期の言葉である。その三日前、武漢の集会でスト貫徹をめざして彼とがっちり握手を交わしたばかりだった。その感触は今なおこの手に残っている。それだけに怒りと悔しさが私の内部に激しく渦巻いた。

さらに同じ武漢の労働者林祥謙の壮烈な死は胸をしめつける。

「止まれ！　スト破りは許さない、この鉄路は我ら鉄道労働者の汗と誇りで守ってきたのだ。軍閥や外国資本家の自由にはさせないぞ！」

彼は驀進する機関車の前面に両手を掲げ立ちはだかって、それを止めたのだ。鉄道輸送支配の危機を感じた呉佩孚配下の軍隊は襲いかかって、林を軍刀で惨殺した。その日、武漢、長辛店、鄭州など京漢鉄道の主要な拠点で、ストに起ち上がった多数の労働者が虐殺された。

一九二三年二月七日――中国最初の階級的労働運動が血で染められた日を私は決して忘れることはできない。

呉佩孚とは何者か。この血塗られた男のことを思うと、私は怒りで我を忘れそうになる。同時に自らの責任の重さに心臓が錐で揉み込まれるようだ。

彼は北洋軍閥直隷派の一人で、五・四運動の時は、学生たちにエールを送ったため、世間から「革命将軍」と持ち上げられていた。それは軍閥間の争いの中で世の評判を得るためのポーズであったのだ。

私には天津の学生時代に肝胆相照らす友がいた。白堅武である。彼は清朝を打倒するため革命軍人をめざした。辛亥革命後、彼が呉佩孚にひきたてられてその参謀を務めていることは、便りで知っていた。

一九二二年の春、白堅武が久しぶりに北京大学図書館の私の前に姿を現わした。すぐに用向きを切り出す。

「大剣、ぜひ呉佩孚将軍と会ってほしい。彼は中国の未来は青年と労働者の肩にかかっていると強く期待している。君が北京大学で多くの学生たちから厚い信望を得ていること、さらに君の教え子たちが労働者の中に入って平民教育を進めていることもよく承知している。

それで中国の前途をどう開くべきなのか、ぜひ君の意見を聞きたいと願っている。君と俺との仲も知っていて、それでぜひ君を連れてこいと頼まれたのだ」

がっしりとしていかにも軍人らしい恰幅にはなったが、白の熱血漢らしいおもざしは昔と変わりはなかった。
呉佩孚はイギリス帝国主義とのつながりが強く、その進歩的姿勢にはしたたかな計算が隠されているのではないか、白堅武はそれをどこまで知って私に会いにきたのだろう。私はその場での即答を避けた。

中国共産党は生まれたばかり、まだ革命運動の経験も社会的影響力も乏しい。そのためイルクーツクにあるコミンテルン極東局は、半植民地下の中国では、孫文や呉佩孚のような民族ブルジョアジーに支持される軍事勢力への工作が必要だと指示してきた。呉に対する疑問はあったが、労働者階級が未成熟な現状にあっては、彼が進歩的な看板を掲げることを利用して、労働運動の発展を図るのも現実的な方策だと思われた。上海の陳独秀総書記とも相談して、白堅武の提案に応ずることにした。

洛陽で、呉佩孚と会談した。京漢鉄道を実質的に支配する呉は、ライバルで日本帝国主義をバックにしている安徽派の段祺瑞や奉天派の張作霖に打ち勝つために、新興階級である労働者を味方にしようと図っていた。従って呉佩孚は私の求める労働者の待遇改善策には大いに理解を示して見せたのである。

東北や山東を勢力圏にしようと野望を剥きだしている日本帝国主義と闘い、救国闘争を発展させるために、私は呉佩孚への説得と協議を継続することにした。

それが北方最大の京漢鉄道の労働組合を発展させる上で有利な条件をつくり出したのは確かだった。党の指導する中国労働組合書記部の主任になった鄧中夏（とうちゅうか）は、長辛店を本拠にしてオルグを精力的に展開した。

主要駅の職場で管理にあたる職制の妨害を跳ね返してストライキが打ちぬかれ、初めて賃上げを勝ち取った。その影響は京漢鉄道全線に及んだ。とりわけ強固な闘争力を示したのは、林祥謙、施洋に率いられた武漢労働者であった。二月一日には、鄭州で京漢鉄道総工会の結成大会を開こうとするまでに運動は発展した。

ここに至って呉佩孚は労働者の味方という偽りの仮面をかなぐり捨てたのである。京漢鉄道が通じている長江（ちょうこう）中流域はイギリス帝国主義の勢力圏で、彼らは利権の危機を感じて呉佩孚に脅しをかけてきたからなのだ。呉は大会を武力で解散させるため、軍隊を派遣した。労働者たちはピケを張って、軍隊の圧迫に抗した。そして総工会結成を宣言すると同時に抗議の統一ストライキに突入したのである。

たまたま私は湖北教職員連合会からの招請（しょうせい）を受けて講演するために、この時武漢に来ていた。そのさなかに京漢鉄道ストが発動されたのである。二月七日、武漢での労働者虐殺が始まった時、湖北教連の同志からすぐ長江に浮かぶ船に乗って欲しい、市内では共産党狩りが始まっているとの知らせを受けた。

私は自己の階級的警戒心の甘さをひどく痛感させられた。そのため林祥謙や施洋のような勇敢ですぐれた同志を失ってしまった。数多くの労働者の仲間を苦難に追いやってしまった。呉佩孚の二面性については気づいてはいたものの、白堅武との友情のあまり周到な対策を怠ってしまったのだ。

まだ出発したばかりの共産党が、闘うための戦略として呉と折衝（せっしょう）すること自体が誤りとは思われない。だが、呉の動きの正確な分析とスト戦術の柔軟さの未熟が多大な犠牲者を生み出したのだ。この血の教訓を決して無にしてはならない。憤りと悲しみの中、北方での革命事業の再構築を私は胸に誓った。

かっての友白堅武には強い抗議と絶交の手紙を書いた。

孫文と語り合って

――李大釗先生、ご来訪ありがとうございました。夫の孫文があんなに夢中になって思いを語ったことは本当に久しぶりでした。もともと夫は楽天家で、ご存知のように人からは孫大砲、つまりホラ吹きの孫と言われるほど夢のようなことを本気で思いこむ人間です。けれど、部下の陳炯明に背かれ広東を追われたのはさすがにショックで、上海に来てからは落ち込む一方でした。そこへ李先生がお見えになり、ためていた思いのたけを語りあえたことが夫を一変させたのでしょう。

　率直に申しまして、周囲の国民党幹部から李先生が共産党員だと吹き込まれたせいもあって、夫もはじめは警戒する気分はあったと思います。でも、李先生の言葉の端ばしに国と民族に対する熱い思いが溢れ、その上明確で道理ある大義をまごころこめて語っていただいたことから、夫の先入観は霧が晴れるように消えてしまったようです。初対面の方との話にこれほど身を乗りだす夫の姿を見たことがありません。

　その夜、夫はこれで中国の未来に希望がもてる、民衆の苦難は長くは続かない、と興奮して何度も呟き、眠られない様子でした。まるで諸葛孔明を得た劉備のような気分だったのではないかと思ったほどです。――

孫文との会談後、夫人の宋慶齢（そうけいれい）女史から届いた手紙の一節である。

孫文については、辛亥（しんがい）革命の元勲としての大名（たいめい）が内外に響いていた。旧清朝（しんちょう）を倒すため血を流した志士たちの犠牲の末に打ち立てられた中華民国、その臨時大総統であったのに、袁世凱（えんせいがい）など北洋軍閥に革命の果実を奪われた孫文。その後、何度も蜂起を重ねたがことごとく失敗に終わり、今は上海で失意の生活を送っていると伝えられていた。

建党したばかりの共産党は、独立した政治勢力として全国情勢に影響を与える力量はまだ持ち得ていない。そこでレーニン率いるコミンテルンは、インドネシアでの活動など植民地での闘争経験豊かなオランダ出身のマーリンを中国に派遣した。マーリンは国民党総理の孫文との接触を求めた。折よく日本留学時代の友人林伯渠（りんはくきょ）が、孫文の秘書をしていることを知った。彼に連絡して、孫文とマーリンとの会談をとり持つことができた。

国民党は地主・大資本家の利益を代弁するブルジョア政党と見ていた陳独秀（ちんどくしゅう）総書記は、当初共同戦線については消極的だった。しかしコミンテルンの指令やマーリンとの協議によって、国民党との連携に前向きになってきた。その彼と相談して、孫文を説得する役を私が担（にな）うことになったのだ。

フランス租界にある孫文邸は瀟洒な洋館づくりだった。玄関先に出てきたのは、宋慶齢夫人だった。品があってふっくらとした、どこか西洋婦人を思わせる夫人は、ゆったりと微笑みながら私を室内に招き入れた。

洋風の応接間には紫檀の広い八仙卓があった。籐椅子にかけてしばらく待っていると、孫文が現れた。ガウンを着た孫文は、新聞などで見かける軍服姿の印象からすると、市井の実業家然とした姿に変わっていた。私は挨拶の後、早速訪問の趣旨を述べた。孫文はしばらく私の話をじっと聞いていたが、おだやかな視線を投げながら語りはじめた。

「先般、話しあったコミンテルン特使のマーリンを紹介してくれたのは、実は李先生だったのですね。ソ連の実情と彼らの進言はとても参考になりました。ただ中国には、いくつもの帝国主義国に分割支配されるという、より複雑な現実があります。それを打開する道を今模索しています。先生のご意見をかねがねお聞きしたいと思っていました。ぜひ今日は忌憚なくお話していただきたいと思います。

ご存知のように私は民主共和の中国を求めて、及ばずながら身を挺してきたつもりです。けれど恥ずかしながら希望は実現するどころか挫折続きで、そのめどさえ立たないありさまです。先生はどこに原因があると思いますか？」

「孫総理は以前に演説の中で、バラバラにされた中国の国民の状態を〝四億の散砂〟と喩えられたことがありましたね。これまでの革命行動は、〝四億の散砂〟の大部分を占める労働者・農民にあまり目を向けませんでした。めざめた読書人、旧清朝の官界・軍隊より転身した政客や軍人、新興財閥、農村の大地主、会党と呼ばれる宗教的秘密結社から集まった人々が、革命陣営を形づくってきました。しかしそれらは互いに主導権を争い、離合集散を繰り返してきたように思われます。

しかしこの〝四億の散砂〟を何としてもまとめあげなければ、帝国主義・軍閥という強大な相手に対抗する解放の道は開けないと思います。そのためには、労働者・農民の力をひきだす革命組織を作り上げることがその核心ではないでしょうか。国民党をそのような磁場をもった政党に鍛え上げることが求められていると思います。

同時に帝国主義や軍閥の暴虐を跳ね返す革命武装の問題もゆるがせにはできません。それにはこれまでの徴発や略奪で怖れられる軍閥風の軍隊ではなく、人民に依拠し、人民に支持される規律厳正な革命的軍隊が必要です」

「まさにその通りです。先生のおっしゃったことはいま痛切に身にしみて感じているところです。マーリンと話した中でも、ロシア革命の赤軍のように、軍隊の政治教育は欠かせないことがわかりました。しかし国民党にはそのような素養、経験をもった人材が乏しいのです」

「孫総理、共産党はまだ生まれたばかりですが、五・四運動や労働・農民運動の試練を経たすぐれた青年を数多く結集しています。私たちと手を結び、中国の解放のため国民党に新しい血を注入する方向はいかがですか。そうしてこそ、国民党は総理の掲げる三民主義の理想を現実のものにできる変革の党となるのではないでしょうか」

これを聞いて、孫文の顔は晴れやかに輝きだした。宋慶齢夫人は私たちの話を傍でにこやかに耳を傾けていた。夜遅く孫文邸を辞する時、孫文は私の手を固く握り、ぜひ明日も来て欲しい、と強く再訪を求めた。

その思いに応じて、私は数日間孫文邸に通って、中国革命のこれまでの道程を互いに検証し、国内情勢を分析しあった。何よりも国民党の革命的改組・再建のために共産党とどう提携できるかについて、率直でつぶさな検討を加えた。文字通り寝食を忘れるほど私たちは協議に熱中したのだ。

国共合作への道

「共産党は、ブルジョアや大地主の利益を代弁する国民党と一緒になることはできない。我々は共産主義の実現を究極の目的にして党を創立した。それが国民党のようなブルジョア政党と共同すれば、党内は思想的にも運動面でも堕落し、プロレタリア政党としての本質が失われてしまうではないか！」

張国燾（ちょうこくとう）は顔を真っ赤にして、テーブルを拳で叩いた。一九二三年、広州（こうしゅう）で開かれた共産党第三回大会の席上である。

コミンテルンから派遣されたマーリンは、孫文率いる国民党との連合政策を提案した。それが、張国燾の激しい反発を招いたのである。一瞬静まりかえった中で、鄧中夏（とうちゅうか）がやおら起って、それに反論した。

「張同志の言うように、我々はプロレタリアの前衛政党である。だが、労働者階級の組織化はいま本格的に始まったばかりだ。現状の中国では、我々の闘いは部分的な勝利は勝ち得ても、全国的な革命情勢をつくり出すには至っていない。

同志レーニンが〝民族及び植民地問題に関するテーゼ〟で述べているように、アジアの被抑圧民族の闘争は民族ブルジョアジーを含めた広範な民族統一戦線で闘われねばならない。

インドネシアのジャワで闘争経験を積んだ同志マーリンの提言は空論ではない。植民地での闘いに基づいた実践的な裏打ちに富んだものだ。それを中国の状況に照らし合わせつつ、国民党との合作についても検討する余地は十分にある！」

張国燾は腕を振るって居丈高に叫んだ。

「革命、革命といつも口先ばかりのあの孫大砲のホラに乗せられたら、共産党の名が泣くぞ！　プロレタリア政党としての原則を捨てていいのか！」

その時、湖南訛りの野太い声が響いた。

「我々共産党員は今どれほどいる？　まだたかだか五百人足らずじゃないか。これだけで四億の民衆を擁する中国をそんなに簡単に革命できるのか？

プロレタリア、プロレタリアというが、これだってせいぜい三百万くらいだ。我々が働きかけねばならないのは、四億の民衆だぞ！　その大半を占める農民をどうするつもりなんだ」

皆、発言の主に目を注いだ。背が高くぼさぼさ髪で不敵なまなざしをした男がそこにいた。湖南代表の毛沢東だった。

私は起ち上がって、話し始めた。

「同志諸君、我々の成し遂げねばならない課題は何か。帝国主義と軍閥から中国の民衆を解放することである。毛沢東同志が言うように、我々の力はまだまだ足りない。その中で突破口をどう切り開くのか。

国民党がさまざまな弱点をもつブルジョア政党だという張国燾同志の指摘自体は間違いではない。しかしその指導者が孫文で、辛亥(しんがい)革命を主導した功績は今なお多くの国民の記憶に刻まれているのも事実だ。そして不十分だとは言え、三民主義という民主的綱領で国民全体に基盤をおこうとしているのも周知の通りだ。

諸君が問題にするのは、国民党との合作で共産党の主体性がどうなるかであろう。共産党の独立性はもちろん曖昧(あいまい)にしてはならない。国民党との合作については、陳独秀(ちんどくしゅう)総書記とも相談して、先般来、孫文と真剣な協議を重ねてきている。

その結果、共産党は団体として国民党に加盟はしない。党員個人として国民党に入党する。従って共産党の政党としての主体性に揺るぎはない。国民党の革命化のために個人として入党し、国民革命をなしとげるのが我々の使命なのだ」

陳独秀が私の言葉を引き継いだ。

「今の李大釗(りたいしょう)同志の発言は、同志レーニンの世界革命戦略に沿ったものである。我々が国民党の革命化のために奮闘することが、中国革命を前進させ、共産党の力量を飛躍的に高めることになるのだ。同志諸君、左翼日和見主義(ひよりみしゅぎ)に陥ることなく、我々の力で現実の歴史を変革していこうではないか！」

これが事実上の総括演説となり、国共合作の道に進むことになった。

広東(カントン)の廖仲愷(りょうちゅうがい)ら中国革命同盟会以来の古参党員の奮闘とコミンテルンの後押しによって広東政府が再建され、孫文は広州(こうしゅう)へ戻っていった。彼は国民党の改組(かいそ)の決意を固めた。さっそく私は広州へ呼ばれた。そして共産党籍のまま個人の資格で国民党に入党する最初の一人になった。孫文は来たるべき国民党第一回全国代表大会のために、入党したばかりの私を改組委員に任命した。さらに大会準備のため、孫文は私を広州の自邸に同居させ、毎晩のように意見を求めた。

一九二四年一月に国民党大会は招集された。孫文の指名により、私は大会の議長団、宣言審査委員会、組織・規約委員会などほとんどの委員会委員を兼ねることになった。

それに対する国民党右派の反発は避けられなかった。孫文が出席していなかった組織・規約の議論の場で、広州代表の方瑞麟(ほうずいりん)は強い調子で語った。

「本党に二重党籍を持つ者がいるが、党の中にまた党を持ち込むことは断じて許されない。他党籍を持つ者の入党は認められない、という一条を規約の中に入れるべきではないか」

議場の一部から、賛同の拍手と声援が上がった。大会代議員一六五名の中で、共産党員は僅か一〇名である。私は挙手して、語りはじめた。

「ただいまの発言には、誤解がある。事実をもって語りたい。確かに私は中国共産党員である。そして中国国民党への加盟を他ならぬ孫文総理から認められた。その折りの約束は共産党として国民党に団体加盟するということではない。私は個人の資格で国民党に入党したのである。国民党の政策と規約を遵守（じゅんしゅ）することは、国民党員としての私の義務である、とこではっきりと明言したい。従って党の中に党を持ち込むことにはならない。

ただ諸君に改めて考えていただきたい。孫総理がなぜこの時期に全国大会を開催したのか。帝国主義と軍閥の二重の抑圧に対して、革命派は一致団結して国民各層に決起を呼びかけねばならないからである。

孫総理の指導する国民党こそ国民革命を担う中心勢力である。私が個人の資格で国民党に加盟するのも、その民族的大義と民衆の願いにうたれたからである。もし私が国民党の政策と規約に何か違反する行動があれば、その時いかなる厳正な処分を受けるのにも吝（やぶさ）かではない」

ざわついていた場内はシーンとなった。

孫文の信頼あつい廖仲愷（りょうちゅうがい）が発言した。

「国民革命を実現するために、我々はあらゆる層の国民に広く入党を呼びかけている。にもかかわらず共産主義者だからといって拒むのは矛盾ではないか。

他党というが、知っての通りわが党の長老である呉稚暉君や李石曽君はかっては無政府主義党の指導者であった。孫総理の三民主義を受け入れてわが党の隊列に加わり、大いに力を発揮している。国民党の政策に賛同する者は誰でも結集できる今の規約を変える必要はないではないか！」

採決の結果、共産党員の個人資格での国民党入党が改めて確認された。

大会は、孫文の明確な意思に基づき、宣言に「ソ連と提携し、共産党を受け入れ、労働者・農民を援助するという三大政策」を盛り込むことができた。

孫文と日夜苦心して模索した国共合作が、ようやく動き出したのである。

五峰山への避難

「李先生、すぐ北京を離れて下さい。近々警官隊がこちらに踏み込むでしょう」

夜、わが家を訪ねてきた徐成章が、緊張に青ざめた表情でこう訴えてきた。彼は北京大学で教えたことのある卒業生で、今は教育部の魯迅の部署で仕事しているまじめな青年である。政府内務部の高官である父親が、家で夕食の折り話していた内容をひそかに告げてくれたのだ。

それは、軍閥政府が我々とソ連との関係を内偵していて、共産党弾圧に踏み切る動きについてだった。五日前に、張国燾が寝込みを襲われて警察に逮捕された。それを知った私たちは、すぐ抗議と救援の行動をとった。張国燾は当初黙秘していると報道されたが、やがて拷問に耐えかねて中国共産党北方地区委員会の内実を自白したという。またその頭株として私の名も出したらしい。

にわかには信じがたかった。張国燾は北京大学の学生で最も早くからマルクス主義にめざめ、私と図って北京の党組織を結成した一人である。頭の回転が速く、雄弁家だった。確かに自己中心的な一面があり、その点は気になってはいたが、権力に屈服するような男ではないと思っていた。私は徐成章に問い返した。

「その情報は確かなのか、まさかあの張君が」

「僕も父からその名を聞いた時、自白なんて嘘だと思ったし、今もそれを信じたくはありません。張君は学生運動の最も有名なリーダーだし、私のような一般学生だった者でも知らない人はいませんでしたから。でも、父の話からは、先生の名だけでなく、鄧中夏（とうちゅうか）君や高君宇（こうくんう）君、その他僕の知らない一〇名近くの名前が出て、警察では検挙する態勢にとりかかっているそうです」

徐成章は活動家ではないが、私たちをひそかに支援していて、誠実な男だった。半信半疑ではあっても、すぐに防衛の手を打たねばならない。近くに住む鄧中夏を呼び、その晩の間に主だった同志に身を隠すよう伝える指示を出した。同時に、妻の趙紉蘭（ちょうじんらん）にもすぐに打ち明けた。

「急なことだが、今夜中に支度をして、明朝早く子ども達を連れて列車で大黒坨村（だいこくた）へ帰ってくれないか。どうやら警察が共産党弾圧の網をかぶせてくるらしい。また苦労をかけるが、猶予（ゆうよ）は許されない事態なので、なんとか頼む」

「一番狙われているのはあなたでしょ、どうするの？」

「今度は故郷にも警察の手が回るだろう。だから私は五峰山の劉老人の所に身を寄せるつもりだ。あそこなら誰にも気づかれないだろうから。葆華（ほうか）も一緒に連れて行く。その方が却って怪しまれなくてすむし、彼ももう十四才だ、いろいろ体験してもよい年だろう。私たちのことは心配しなくてもよい。むしろ君の方が幼い子ども達を抱えて大変だろうが、気を強く持ってがんばってほしい」

同志たちへの連絡を確認したあと、私は髭を剃り、商人の身なりに変装した。息子の李葆華を連れて、京奉線の夜行列車に乗ったのである。昌黎駅で下車したあと、宿には泊まらず星明かりを頼りに五峰山の暗い山道を登っていった。

五峰山は、大黒坨村からも遠望できるふるさとの山である。中学を卒業した年、友人三人と登ったのが最初だった。その時のことが思い浮かぶ。

山中に入ると、たちまち別世界になった。色とりどりに咲き乱れる花々、緑が目に染みこむ木々、遠く近く鳴く鳥たち、まるで桃源郷に迷い込んだような気分になったものだ。尾根にさしかかると、足元に白雲が行き来し、遠く渤海の海原がうす青く広がっている。初めて見下ろす故郷の小さな風景に若い私たちは逆に夢が大きくひろがる思いだった。

やがて雲行きが怪しくなってきた。湧き出す霧に道がわからなくなって、右往左往した。雨がしだいに強く降り出してくる。と、霧の中から一人の老人が現れた。近くに住む唐代の文豪韓愈を祀った韓昌黎祠の堂守だった。劉克順というその老人は、その晩快く私たちを堂の中に泊めてくれた。

それ以来、私はこの堂守夫婦とすっかり親しくなった。家族を連れて毎年のように劉老人の家を訪ねた。論文作成のため、ひと夏お世話になったこともある。

だが、今回はこれまでとは違う。警察の手を逃れるために、劉老人に頼ることにしたのだ。韓昌黎祠の堂の扉を叩いた時は、真夜中を過ぎていた。劉老人は戸を開けると、驚いて声を上げた。

「これは、李先生！　こんな夜更けにどうなさったのじゃ、それに坊ちゃんまで連れて」

「劉さん、お久しぶり。驚かせてすまないが、しばらくここに泊まらせてもらえまいか、わけはあとでゆっくりと・・・」

「いいですとも。さあ、こんな時間だからまず中にお入んなさい。すぐばあさんに支度させますから」

変わらぬ温容（おんよう）で、劉老人は居間に招き入れた。やがて潘（はん）ばあさんが松の実の入った粥を二碗持ってきてくれた。息子の李葆華は腹をすかしていたのだろう、すぐにがつがつそれを口に掻きこんだ。

私たちは、それからしばらく劉老人の家で過ごすことになった。夫婦だけの暮らしで世の交わりがほとんどない彼らは、事情については何も聞こうとせず、家族のように私たち父子を遇してくれた。

この時期の五峰山はまさに花の山である。桃、杏（あんず）はもとより、海棠（かいどう）や梨の花も咲き誇っていた。好奇心旺盛な葆華は喜々として山の暮らしを楽しんだ。劉家の飼犬クロと一緒に山の中を歩き回り薪（たきぎ）となる落木を集めたり、鶏や山羊（やぎ）の世話をしたりして、劉家の手伝いに精を出した。合間をみて、持参した中学の教科書に目を通してもいた。

私は上海の陳独秀（ちんどくしゅう）総書記に報告するため、急変した北京情勢と北方地区委員会の対策についてまとめていた。また大学の講義のための原稿に筆（て）を入れていた。その中にあっても、大黒坨村の家族や難を逃れるため潜行した北京の同志たちのことがいつも頭をよぎっていた。

ある夕暮れ、盛りだくさんの山菜が入った籠を背負って李葆華が歌いながらクロと帰ってきた。その歌は「国際歌（インターナショナル）」だった。私を見ると、彼は声をかけた。

「お父さ～ん、ここは山の中だから、歌ってもいいよね？」

北京の家の中で、私はひまができると子ども達に歌を教えた。東京に留学した時、ロビンソン牧師から教わった黒人霊歌や民謡（フォークソング）などを。私が訳した国際歌も聞かせた。子ども達はそれが好きだったが、警察などに聞かれると面倒なので、街中では歌わないようにと戒めていたのだ。ここは大丈夫だろう。私はうなずきながら李葆華の頭を撫でた。

にわかに、クロが吠えたてた。山道を登って近づいてくる人影が目に入った。

国境を越えてソ連へ

山道を登ってくる男は、明らかに私たちの居る祠に向かっている。私の行方を追っている密偵だろうか、それだったら一人の筈はないのだが・・・。クロはますます吠えたてる。近づいてきた樵夫の格好をしたその男の顔をそっと窓越しに窺った。なんと天津の于樹徳同志であった。私はすぐに戸を開けて、彼を堂内に迎え入れた。

「于同志じゃないか、よくここがわかったね」

額に噴き出した汗を拭いながら、于樹徳は言った。

「大黒坨村の奥さんから聞いたのだ。韓昌黎祠というから目あてはついたが、こんな山奥とは思わなかったな。もちろん十分警戒し、村の同志を介して訪ねたので、官憲には気づかれなかった筈だ。奥さんは君と息子さんが無事かどうか、ひどく心配していたよ」

「北京はいま厳しい状況だから、天津の君の方に何か連絡が入ったんだね」

「そうだ、上海の党中央からの緊急な指示が来ているのだ。詳しくはこの文書にある。モスクワで近々開かれるコミンテルンの第五回大会についてだ。それに参加する中国代表団の団長として君が指名された。すぐ準備してソ連に発ってほしいそうだ」

党からの連絡文書によると、代表団は私を含めて六人である。団員名簿の婦人代表には、女性共産党員で天津で周恩来たちと活動していた時から知っている劉清揚（りゅうせいよう）の名があった。ほかに労働者代表、青年代表それぞれ二名が記されていた。大会は二週間ほど先だが、すぐに出発しなければ間に合わない。ハルピンで他の同志とおちあう予定となる。

翌日、劉夫婦に世話になった礼を尽くしたあと、私は息子の李葆華（りほうか）と一緒に山を下りた。昌黎（しょうれい）駅で、実家の大黒坨村へ帰る息子と別れ、私はハルピンに向かった。

ハルピンには、伯父で共産党の活動に理解のある雑貨商の李景瑞（りけいずい）の家がある。ソ連行きを打ち明けると、すぐ準備にとりかかってくれた。ハルピンは亡命ロシア人が多く、商売の関係で彼はその方面にも通じていた。彼らの尽力で中ソ国境を越える手はずが整った。

同行する五人の同志と顔を合わせると、列車で国境付近の満洲里（マンチュリ）に移動し、ロシア人の経営する小さな旅館に投宿した。

そこで私たちはコミンテルン極東局の工作員イワノフと顔を合わせ、密出国の方法を知らされた。宿の亭主は私たちの目的を心得ているらしく、熟達した御者と馬を準備してくれた。真夜中、四頭立ての馬車が三台、宿の前に並んだ。それぞれの馬車に分乗した私たちは、宿を出発して、国境へ向かった。月明かりだけの真っ暗な中だが、御者たちには手慣れたルートらしく、まっしぐらに馬を走らせた。二時間ほど経つと、地平線の向こうが白みはじめた。

果てしない平原が広がっている。同乗している同志イワノフが私とその横にいる劉清揚に話しかけてきた。

「ごらん、向こうに建物が見えるだろう。あれが国境検問所だ。張作霖の部隊が警備している。むろん我々はそちらへは向かわない。ここから丘を越えて西北に突っきり、国境を越える。見ての通り、さえぎるものは何もない。向こうが気づけば発砲してくる。

だが、大丈夫、距離は離れているから、弾は届くはずがないよ。まして軍閥の軍隊には追っかけてくる気なんかさらさらない。御者はその点を心得ているから心配は無用。ただ全速力で走るから車内は揺れる。しっかりつかまっていろよ」

言葉通り、御者は長い鞭を振るって馬の尻を叩きだした。うす明るくなった草原の小高い丘をめがけると、三台の馬車の速力は俄然上がった。馬蹄と車輪の音が四囲に響きわたる。

遙か向こうの検問所付近で灯火が点いた。しばらくすると、人影が動き銃火が光る。パン、パンと乾いた何発もの銃声が夜明けの冷気を切り裂いた。さすがに全身に緊張感が走る。イワノフはそんな私たちを見て、愉快そうに笑った。彼は何度もここを往復したに違いない。

銃声は散発的になり、次第に音も遠のいた。

「同志たちよ、もう大丈夫だ。国境は越えてしまったよ」

御者は速度を緩め、イワノフと冗談を言いあうようになった。

とうとう私たちは、ソ連領内に入ることができた。労働者の祖国ソビエトの懐（ふところ）へ今私たちは足を踏み入れたのだ。ここは国境をまたぐホロンバイル草原の真っ只中だ。満洲里と風景に変わりはないはずなのに、朝日を浴びたソ連領内の果てしない草原は何と新鮮で、何と美しいのだろう。私は感動の余り言葉も出ず、ただ劉清揚と固く握手を交わすばかりだった。

昼前に、私たちの馬車は鉄道の駅を囲む小さな集落に着いた。イワノフの案内で私たち一行は、駅長の家に迎えられた。濃い髭を蓄（たくわ）えた逞しい中年の大男が駅長で、笑みを浮かべながら私たちに握手を求めた。

これほど心が解（ほど）かれる夕べは久しぶりだった。食卓には黒パンとボルシチ、そして杯にはウオッカが注がれた。私たち六人とイワノフ、そして駅長一家六人は、ソ連の社会主義建設の前進と中国革命の勝利を願って乾杯した。手風琴（アコーディオン）の調べに乗って、コサックダンスが披露された。楽器好きの私はさっそくその手風琴に手を伸ばした。

わが青年の同志たちはすっかり興奮して、コサックダンスに加わってはしゃぎまくった。軍閥統治下の中国では考えられない自由な気分を味わったのである。プロレタリアに国境はない、私たちは肩を組み、国際歌（インターナショナル）を声高らかに合唱すると、全世界の労働者とつながっている思いだった。

翌日、私たちはシベリア鉄道に乗り込み、いよいよソ連の首都モスクワをめざした。シベリアは人家も全く途絶えた、見渡す限り広がる荒野をまず想像する。さらに一年中氷雪に閉ざされた無機質の荒涼（こうりょう）たる世界が浮かびあがる。

ところがいま目にする車窓の景色はなんと鮮烈なことか。モスクワへ至るまで、列車は緑なす広大な草原を突っ走り、聳え立つ樹林帯（タイガ）を突き抜け、鬱蒼（うっそう）たる樹間から吐かれる森の精気をたっぷりと浴びて驀進（ばくしん）する。

とりわけバイカル湖畔は、すばらしかった。白雪をいただく高峰を背景に、湖畔の松や杉の緑が湖の碧（みどり）の波に映って融けあった。地平線まで青く続く草原に赤や黄の野の花々が咲き乱れる様は四季が一時に訪れたようで、これまでのシベリアのイメージはすっかり吹き飛んだ。

時間待ちの途中の駅で、プラットホームに降りると、マフラーをかぶった中年の婦人が声をかけてきた。ミルク売りだった。恰幅（かっぷく）のよい彼女は満面の笑顔で、台車にある大きな牛乳缶から絞りたてのミルクをなみなみとコップに注（つ）いでくれた。

「美味い！　スパシーボ（ありがとう）！」

そう叫んで、思わず彼女と握手した。飲んだことがあるのは山羊の乳ばかりだった私には、初めての牛乳の味は驚くほど甘かった。

長旅なのに、私は車窓の景観に目を奪われ、車中で読もうと持ち込んだ本を開くのは、日が落ちて車内の明かりが灯されてからだった。

車中では、近くの席の人々と顔なじみになった。青年代表の一人はハルピンの大学生だったので、ロシア語に少し心得があった。それで人々と交流が生まれた。親戚のところへ身を寄せにいく一家の五才くらいの娘と、劉清揚はすっかり仲良くなった。炭鉱労働者、若い兵士、モスクワへ帰る学生などの話からソ連の新社会の一端を知ることができた。

列車は七日七晩かかって、ついに終着モスクワの駅に滑り込んだ。

駅のホームには、モスクワ在住の中国共産党員やモスクワ東方大学の中国人留学生十数人が集まり、私たちの到着を待っていた。外交官で、一緒に孫文を説得した仲のカラハンも笑顔で出迎えてくれ、固く抱擁し再会を祝った。

革命の地ソ連にて

「帝国主義の侵略に中国の民衆はもはや黙ってはいない。孫文が点火した革命の炎はいま南中国から北へ向かって燃えさかっている。この中核を担っているのは、中国の目覚めたプロレタリアートであり、若い中国共産党である。それはソ連の皆さんと世界の労働者の熱い支援に励まされ、広野を舐め尽くす野火のような勢いで全中国を包み込むであろう。

同志レーニンが言い遺した植民地での民族解放闘争の指針は、東アジアで希望の狼煙を上げ、現実の力に転化しつつある。私たち中国人民はその最前列に起つ決意を表明する。世界のプロレタリア革命万歳！、コミンテルン万歳！」

そう私が演説を結ぶと、満場から万雷の拍手と歓声が上がった。「帝国主義による中国への干渉に抗議するモスクワ人民集会」は熱烈な空気に包まれた。


シベリア鉄道でモスクワに着いた時、すでにコミンテルン第五回大会は開幕していた。私たち中国共産党代表団六人は、幾つもの分科会に分かれて参加した。それぞれの場で中国の現状を訴え、国際共産主義運動の当面する諸課題についての論議に加わった。

大会期間中に、孫文が樹立した広東の革命政府に対してブルジョアたちの組織する商団が武装反乱を企て、帝国主義国がそれを後押しするという事態がひき起こされた。

コミンテルンは即座にこれに抗議する集会を開いた。これには、英・米・仏の共産党代表に日本共産党の片山潜も加わり、その中で中国共産党を代表して私は中国革命の現状報告をしたのだ。演壇から降りると、各国共産党の代表が私を囲んで握手を求めてきた。その光景を目にした会場の人々も大歓呼を上げるという国際連帯にみちあふれた熱気を体感した。

この大会の半年前にあたる一九二四年の一月、世界革命の指導者レーニンは闘病の末、永眠した。その後に開かれたこのコミンテルン大会を主導したのは、議長のジノヴィエフであり、理論家として知られるブハーリンもたびたび演説した。レーニンに次いで高名だったトロッキーも出席はしていたらしいが、なぜか発言はなく姿も確認できなかった。ソ連の同志からは初めて聞くスターリンという名が何度か上がった。

このコミンテルン大会で、レーニンの死を悼み、その革命史上の理論的実践的功績を讃えて、科学的な社会主義の世界観をマルクス・レーニン主義と呼ぶことになった。

モスクワ東方大学では、張太雷と嬉しい再会を果たした。彼は天津の学生時代、わが家に出入りしていた同志で、ちょうどここに留学していたのである。この出会いに何よりも喜んだのは、劉清揚だった。彼らは天津の覚悟社で共に闘った仲間だったからである。それで張はソ連に滞在している期間中、すすんで我々の通訳を引き受けてくれた。

張太雷はまず私と劉清揚をレーニン夫人クループスカヤの家に連れていった。教育家のクループスカヤは、東アジアの青年の革命教育機関である東方大学をよく訪れて、そこで張と懇意になったらしい。

出迎えたクループスカヤと握手を交わしながら、私はかみしめるように語った。

「私たち中国の共産主義者は、レーニン同志のプロレタリア革命と民族解放の呼びかけにどんなに勇気づけられたことでしょう。

それだけに彼を失ったことは、世界の労働者階級と被抑圧人民にとって灯台を失ったような衝撃と大きな悲しみとなりました。まして一緒に闘い歩んで来られたあなたのお気持ちを心からお察しし、お悼みいたします」

夫人は居間のソファに私たちを導き、すぐにサモワール（湯沸かし器）から湯を注いで紅茶にジャムを副（そ）えて勧めた。それは豊潤（ほうじゅん）な甘さで口内に広がった。

「イリイッチ（レーニンの名）は、アジア、とりわけ孫文先生率いる中国革命に大きな期待を寄せていました。アジアからの留学生がこの張太雷同志のようにみな若く革命的情熱に燃えていることに、私はいつも心動かされていたのです。世界革命の希望は東方からさし込んで来るような気がしてなりません」

クループスカヤの言葉には儀礼的な色が全くなく、深い思いが伝わるものだった。一時間ほどの面会だったが、夫人の聡明な人柄が私たちの心の奥に刻まれた。

「同志たちは、イリイッチの遺骸を廟に保存して、神格化しようとしているけれど、私は反対でした。それは彼を無害な聖画像にするだけで、イリイッチの遺志とも、彼の活動スタイルともかけ離れています」

と洩らした彼女の言葉が特に印象に残っている。

その後、張太雷からレーニンの死後、ソ連の党内でいろいろ論争があることを聞いた。


大会終了後、代表団の他のメンバーは帰国の途に就いたが、私は上海の党中央の指示で、そのままコミンテルンの中国代表としてモスクワに残留することになった。クループスカヤは、私のソ連各地の視察にいろいろと骨を折ってくれた。とりわけ革命の後継者教育に熱心な彼女が創設に力を注いだピオニール（少年先鋒隊）を訪れた折りのことは忘れられない。

そこはモスクワ郊外の農村だった。革命と戦争のさなかに孤児になった子ども達が共同生活している施設がある。ちょうど欧州大戦十周年記念行事が行われていた。広場に赤いネッカチーフの少年少女たちが並んでいた。傷痍軍人らしい男が松葉杖をつきながら、片手を振って戦場の惨禍を語った。中年の母親が家を焼かれ、出征した息子を前線で失った悲しみを涙ながらに訴えた。

と、若い労働者夫婦が赤ん坊を抱いて進み出てきた。彼らは赤ん坊を示し、この子が大きくなったら革命の前進のために君たちと同じくピオニールに入ることを望んでいると、隊員たちを抱きしめた。周囲からは大きな拍手が起こった。

その後、ピオニールの文化工作隊が赤軍(せきぐん)兵士の英雄的戦いを描いた野外劇を演じた。夕陽が傾きはじめた頃、ピオニール達は手にした赤い幟(のぼり)を振りながら、国際歌(インターナショナル)とピオニールの歌を歌った。集まった人々も腕を組んで加わり、大合唱となった。

会の終わりに花束を持ったピオニールの代表が私の傍に駆けつけ、それをさしだした。

「中国の方ですね、私たちのことをぜひ中国の少年少女たちに伝えて下さい」

私は両手で彼らの手を固くかたく握った。

「中国に帰ったら、戦禍を乗り越え革命に起ち上がったソ連の人々、そして今日お目にかかったピオニールの皆さんの凜々(りり)しい姿を必ず伝えます」

私を囲んだ人々から、「世界の青年は団結しよう！　中国革命万歳！」のコールがわき起こった。

革命いまだ成らず——孫文の死

「あっ、これとっても可愛い！」

末娘の李炎華は目を輝かせて、私が鞄から取り出した人形を抱いた。

「ほら、ここを回して開けると、中に同じかっこうした小さな人形が出て来るだろう、マトリョーシカと言うんだ。またこの中にもっと小さいのが入っているんだよ。さらにその中にもまた」

ソ連土産のマトリョーシカ人形を囲んで、久しぶりの家族の団欒が沸いた。

党中央から国民革命の北方での勝利をめざすため帰国せよとの指示があり、急いでまた商人に身を変えて国境を越えた。シベリア鉄道とつながる中東（中国東省）鉄道でハルピンに出て、そこから故郷の大黒坨村にある実家に戻った。半年ぶりの家族との再会である。

北京の政情は変わり、私への逮捕状は取り消されていた。帰還する列車の中での検問を予測して、荷物はあまり持ち帰れなかったが、少しばかりのソ連土産を子ども達に手渡すことができた。

子ども達はすぐに私の周りに集まり、ソ連の話をせがんだ。

「この写真の人を見てごらん、誰だかわかるかい？」

「ソ連の人ね、お父さんが向こうで世話になったお家のおじさんとおばさん？」

姉の李星華（りせいか）が聞き返した。私が答える前に、覗き込んでいた李葆華（りほうか）が叫んだ。

「僕、わかった！　この禿げた頭の人、レーニンだろ？　お父さんの仲間が集まる事務所で写真を見たことがある。もしかして、お父さん、レーニンと話したの？」

「葆華はさすがにわかったね、そう、世界革命の指導者のレーニンだ。でも残念ながらもう亡くなっていて、この写真は一緒に映っている夫人のクループスカヤさんから記念にもらったんだよ。

そうだ、夫人からお前たちにと、プレゼントされたものがあったんだ、三人ともそこにお並び」

私は荷物から紙包みを取り出した。その中にある三本の赤い布を広げる。李炎華の首にその一つを巻きつけてやると、彼女は顔をくしゃくしゃにしながら喜んだ。

李星華、李葆華の首にも巻きつけながら、言った。

「この赤いネッカチーフはね、ソ連の勇敢な少年少女たちの集まりであるピオニール、少年先鋒隊（せんぽうたい）と言えばわかるかな、その子ども達がみな首に巻いてるものなんだよ。中国の子ども達もピオニールに負けず社会のために奮闘するように、と贈ってくれたんだね、うん、お前たちもなかなかよく似合うぞ」

李炎華と李星華は趙紉蘭に向かって、お母さん、どっちがかわいい？　と口々に言いつのって、妻を困らせた。


北京政権を握る直隷派軍閥の呉佩孚の配下に、馮玉祥というクリスチャンの将軍がいる。以前、呉佩孚の軍隊工作をした時、馮将軍と話す機会があった。私が東京留学中に住んでいた基督教青年会館のロビンソン牧師を彼も知っていたので、初対面から話が弾んだ。

彼とはそれから親しく交流する仲となった。中国の現状を憂い、民衆の苦難を救おうという志を彼がもっていることを知ったからである。孫文のことを彼に語り、国民革命への参加をひそかに働きかけていた。

私がソ連に行っている時、汚職・腐敗と軍事抗争にあけくれている呉佩孚や曹錕らの政府に見切りをつけた馮玉祥将軍は、麾下の西北軍を発動させて「北京政変」を起こし、呉・曹らを首都から追い出した。その上で、広東の孫文に国家統一のため北京へ来るよう求める電報を打ったのだ。孫文は病床にあったが、革命への使命感に己を鞭うって馮の要請に応え、「北上宣言」を発した。

そのような情勢の中で帰国した私は、実家から北京へ戻ると、すぐに共産党や国民党の青年と連絡をとった。また北京の議員や政客、文化人士、それに学生団体、労働組合、商店会なども連携して、孫文を迎えて国民会議開催を求める大運動を働きかけた。

その年の暮れに、山高帽をかぶりステッキをついた孫文が、宋慶齢（そうけいれい）夫人に付き添われて北京駅のホームに降り立った。駅前広場には、〝孫文来たる〟の知らせに十数万にのぼる市民が集まった。私も国共両党の青年たちと共に迎えに出た。

孫文はその場で入京宣言を読み上げた。

「私が北京に来たのは、地位を争うためではない。利権を求めるためでもむろんない。諸君と国を救うためである！」

かすれ声ながら、思いは周囲に伝わった。広場いっぱいの群衆から何度も大きな拍手と、孫文万歳！　国民革命貫徹！　の歓声が上がった。

しかし孫文の顔色は悪く、周りから支えられないと前に進めなかった。付き添いの医師団の判断で、まもなく市内の協和医院に入院することになった。

三日後、宋慶齢夫人の許しを得て、私は孫文を見舞った。彼はベッドに横たわっていたが、私を認めると寝たまま手をさし伸べた。私は興奮させないように黙ってその目に応え、その手をしっかりと握った。彼はとぎれとぎれに語った。

「李大釗（りたいしょう）先生、ソ連からお帰りだったんですね、先生が戻られて大変心強い」

「総理を北京にお迎えできてこんなに嬉しいことはありません。中国の統一は目の前です。また総理の下で働かせて下さい」

「李先生、中国の自立と民衆の解放のためには国民党と共産党の結束が要(かなめ)です。その役割は先生なしではなしとげられない。だからこそ先生とこれからのことを話しあっていきたい。それにソ連の事情も聞かせて下さい。生前のレーニンにはぜひ会いたかった!、それがかなわなかったのが心残りだ」

「孫文総理の不屈の闘いは世界の被植民地民衆の希望の灯だというレーニンの言葉を、レーニン夫人は繰り返し語っていましたよ」

孫文のこけた頬が少し崩れた。宋慶齢夫人は傍で孫文の手を握り微笑んでいた。


それから孫文の病状は悪化の一途をたどった。

一九二五年三月十二日、アジアで初めての共和国を樹立させた巨星はとうとうこの世からかき消えた。先に世界はレーニンを失い、今また中国は孫文をもぎ取られたのだ。

覚悟はしていたものの、彼の死の衝撃は大きかった。孫文は中国革命の象徴であった。ロシア革命に中国社会の病根を絶ちきる希望を見出した彼は、まるで青年のように私にその思いをぶちまけた。広州(こうしゅう)の彼の屋敷で、夜おそくまで国共合作と中国の前途を語り合ったあの場面が鮮烈に甦る。

葬儀は数十万の市民に見守られて中央公園で執り行われた。私は葬儀委員の一人として孫文の柩を担いだ。その場で孫文の遺書が読み上げられた。

「革命いまだ成らず、同志諸君は、奮闘して国民革命の実現に努められんことを・・・」

孫文を悼む数多くの中国民衆の涙と嘆きの裏で、実は彼の死をひそかに望んでいた内外の動きが始まった。

目覚める婦人、起ち上がる民族

清々しい朝だった。ふだんは黄砂濛々たる北京が、めずらしく晴れ渡っている。今日は三月八日、国際婦人デーが北京で初めて挙行される日だ。長女の李星華ももう十四才、社会に目を開くよい機会なので誘うと、喜んで一緒に行きたいと言う。

女子高等師範を卒業した後共産党に加わった繆伯英と、北京大を卒業し国民党北京市党部の婦人部長となった張挹蘭の二人が中心になって、集会は準備された。国共合作により、共産党北方地区委員会と国民党北京市党部双方の責任者を兼ねていた私は、二人を何度かわが家に呼んでその相談を進めていた。李星華はその話を近くで聞いていて、とても興味深そうな様子だった。

故宮から西の方に位置する中国大学が国際婦人デーの会場である。近づくと正門の近くで、人々が集まり群がってなにやら揉めている感じだった。激しく詰問する女性の声と、せせら笑うような男のだみ声が聞こえてきた。一見紳士らしい男と尖った目つきのいかつい男の二人の周りに、十数人の女性が取り囲んでいる。通りの向こう側にはなお数人の男たちがそれを見ていた。

叫んでいるのは張挹蘭だった。

「さっきからずーっとこの周りをうろうろして、あんた達は、いったい何を探っているの？はっきり言いなさいよ！」

「何をいちゃもんつけてるんだ！　ここは公道だぞ、行き来するのにいちいちお前たちの許可を得なければならない理由なんてあるものか！」

いかつい男が脅(おど)かすようにわめいた。

「ちょっと待って！　あんたたちは朝から学内に入り込んで私たちの様子をうかがっていたでしょ。その格好を見間違えるはずがない。通行人だなんてデタラメ言ってもわかるんだから！」

張は顔を真っ赤にして男を指さして、激しくなじった。

するともう一人の男が冷ややかな声で答えた。

「誤解ですよ、お嬢さんたち。私たちはここの学長に話があって、来たんだ。約束の時間より早かったので、この辺をぶらぶらしているだけですよ」

人の輪の外でそれを聞いていた私は口を挟んだ。

「ほう?!　学長に会いにねぇ、よろしい、私も学長とは懇意な仲だから、こんな処でうろうろせずに一緒に学長室に行き、中で待たせてもらおうじゃないか」

虚勢を張っていた男の顔に怯(ひる)んだ色が見えた。

そこへひときわ賑やかな一団がやってきた。見ると天津から来た鄧穎超（とうえいちょう）、劉清揚（りゅうせいよう）ら三十人ほどである。彼女らも正門前の騒ぎに気づくとすぐ押しかけてきた。人の輪がどんどん膨れ上がった。男たちは形勢不利とみるや、そそくさと逃げ去っていった。

鄧は私に声をかけた。

「李先生、あの奴らは国際婦人デーの集会を探る密偵でしょ。私たちが来る途中にも、うさんくさい連中があちこちにいたわ」

男たちとやりあっていた張挹蘭もハンカチで顔の汗を拭いながら、私たちに近づいてきた。

「先生、ありがとうございます。おかげであいつらを撃退できました。それにしても、あのゴロツキどもはよほど私たちの動きが気になるんですね。

ああ、星華ちゃんも来てくれたのね、嬉しいわ。あなたも中国の立派な婦人で、私たちの同志よ」

張は娘にそう呼びかけ、しっかり握手をした。ことの成り行きに心配して緊張気味だった娘の顔もほころんだ。

中国大学講堂の正面に〝三・八国際婦人デー万歳！〟と書かれた横断幕が張られていた。繆伯英が中心になって十人ほどが会場造りに忙しそうだった。

すでに三百人近くの女性たちが集まっている。

李星華は、小声でささやいた。

「思ったよりたくさん来てるのね。でも女の人たちばかりで、男はお父さんだけなの？」

「去年、武漢で始まって、北京では最初の国際婦人デーだからね。私は中心になっている繆さんや張さんから講演を頼まれているんだよ」

やがて、繆伯英の司会で開会が宣せられた。全員が起立し、国際歌（インターナショナル）を声高らかに合唱した。いろいろな分野の代表者の報告や訴えが壇上からなされた。中でも、コミンテルン代表ボロジン夫人のソ連における婦人のめざましい社会参加の話は、会場の参加者に強い印象を与えた。会場での活発な発言の締めくくりに、私が「三・八国際婦人デーの来歴と意義」について短い講演を行った。

最後に張挹蘭による集会アピールが全員の拍手で確認された。こうして北京最初の婦人デーの集会は、会場周辺の恫喝（どうかつ）や妨害を斥（しりぞ）けて成功することができた。

帰ろうとしていた時、娘の肩をたたく者がいる。

「星華ちゃん、だよね、私を憶えている？」

「あっ、陶姐さん？　もちろんすぐわかった！」

傍らににこにこ笑いながら立っていたのは、女子高等師範の卒業生の陶香君（とうこうくん）であった。彼女は私の「女権運動史」の講座の熱心な受講者だった。そのクラスでは、封建的な結婚制度を告発した長編民間歌謡「孔雀東南に飛ぶ」を、現代劇に改編して卒業公演をするという気運が盛り上がった。私もその脚本づくりに協力を惜しまなかった。陶香君はその主役を演じた一人で、その相談もあってわが家によく出入りして、娘とはとても仲がよかったのだ。

聞くと、彼女は今、北京の西北にある張家口(ちょうかこう)の中学教師をやっていると言う。陶香君は少し声を改めて、私に告げた。

「ちょうどよかった、李先生にご相談があるのです。モンゴル族やチベット族の青年のための蒙蔵(もうぞう)学校をご存知でしょう? そこに通っている私の教え子だった学生のことです。彼らは内モンゴル出身で、民族意識に燃え向学心も強い子たちです。教えていた時、折りにふれて五・四(ごし)運動のことや李先生の話を聞かせていました。ぜひ一度お会いしたいと、この間帰郷した時も言っていました。機会を作ってくれませんか?」

「いいとも。軍閥張作霖(ちょうさくりん)の強奪支配や日本の侵略から民衆を解放するため、モンゴルの青年とは語り合いたかったところだった。大学の私の研究室にぜひ来るよう伝えてくれ給え」

数日後、実直な感じの吉雅泰(キチガタイ)と体格がよく包容力のありそうな烏蘭夫(ウランフ)の二人の学生が訪れてきた。ちょうど鄧中夏(とうちゅうか)、趙世炎(ちょうせいえん)と、馮玉章(ひょうぎょくしょう)将軍率いる西北軍との連絡工作の話をしていた時だった。陶香君の話にあった二人だとすぐ気づき、部屋の中に導いて席を勧めた。

「いいところに来た、蒙蔵学校の学生諸君だね。いま張家口にいる馮玉祥将軍のことを話していたのだ。君たちからもぜひあの辺りの実情を聞きたい。この二人は私の活動仲間だから、遠慮しなくていい。そして君たちにぜひ知らせたいこともある。その前に、君たちの今日の用件を教えてくれないか」

蒙蔵学校の二人は自己紹介をした後、吉雅泰が先ず語った。

「李先生、私たちは内モンゴル土着の王族の封建的支配には耐えられません。加えて、張作霖と日本軍の二重の圧迫から内モンゴル人民がどうしたら抜け出せるのか、その道を求めにきたのです」

つづいて烏蘭夫は蒙蔵学校の学生、とりわけ内モンゴル出身の青年たちに湧き起こる民族独立への気分を語った。

私からは東北地域や内モンゴルの複雑な形勢を改めて概括し、モンゴル人民の民族自決の思いは大戦後の世界の新しい流れと合致していることを説いた。二人とも初対面とは思われないほど率直に胸にため込んでいたものを吐き出した。

鄧中夏たちともすぐうち解けた。西北軍に加わっている彼らの親族から得た情報も私たちに告げてくれた。私は四人に語った。

「国民革命は軍閥と帝国主義に対する中国人民解放の闘いであるが、それにとどまらない。旧清朝以来抑圧されていた諸民族の解放もなしとげなくてはならない。そのため、前学長の蔡元培先生の紹介で、このたび蒙蔵学校で教える教員としてここにいる趙世炎君を推薦してもらったのだ。彼はフランス、ソ連に留学してマルクス主義を学んだ理論家で、鄧君と共に北京の青年運動の最も優れたリーダーである。近々君たちの学校に赴任するので、きっとよきアドバイスが得られるだろう」

吉雅泰と烏蘭夫は喜びに顔をほてらせて、趙世炎に握手を求めた。

枯れ草に火が点いたとはこのことか、青年のエネルギーはすばらしい。趙世炎の指導を得た蒙蔵学校ではたちまち国民党、さらには共産党に入ってくる学生が急増した。彼らは帰郷して、革命の火種を旗と呼ばれる内モンゴル在来の行政地域に広げた。鄧中夏たちはむろんのこと、私も何度か張家口へ赴き、さまざまな集まりでモンゴル人民の起ち上がりを鼓舞する演説をした。

趙世炎の綿密な計画に基づき、吉雅泰や烏蘭夫たちは、西北軍内や京綏鉄道労働者らにも積極的に工作を進めた。ロシア革命の道に学んだ趙は労働者、西北軍兵士や農民協会（実質は略農民主体）の代表二百名を張家口に集め、内モンゴル労農兵代表大会の開催に漕ぎつけた。

これが中国最初のソビエト（協議会）となった内モンゴル労農兵代表大会で、私はその基調報告を次のように締めくくった。

「内モンゴル人民は、もはやばらばらではない。労働者、酪農民、兵士の固い団結は必ずや内モンゴルの解放をなしとげるであろう。そして世界の被抑圧民族との連帯こそがその保障となる。内モンゴル人民は漢族人民と手を組んで、共通の敵である帝国主義と封建軍閥を一掃しよう！」

「最も暗黒の日」

――先生、北京の内外を東奔西走なさって相変わらずご多忙のことと思います。先生、と言うと叱られますね、党内では同志と呼ばないと。でもやはりこの手紙では、李先生と呼ばせて下さい。

広東(カントン)は今も革命的気運を持続しています。イギリス警官による五・三〇虐殺事件に抗して起ち上がった省港(しょうこう)（広東と香港）のストライキ闘争はもう一年近く闘っていますが、なお意気盛んです。私も指導部の一人として二十五万の労働者たちを国民革命へ合流させるべく日夜駆け回っています。広東語も少しは慣れました。

先日労農提携のため、広州(こうしゅう)農民運動講習所に行ったら、そこで毛沢東と会ったんですよ。彼は湖南で農民運動を大いに発展させ，その実績を生かして今や講習所の中心人物です。ますます精神的にも逞しくなりましたね。

広東では、また黄埔(こうほ)軍官学校にも、顔を出してきました。先生が北京から派遣した仲間がいるからです。

校長の蒋介石(しょうかいせき)はいま国民党内で急速にのし上がっている軍人ですが、かなり自負心と猜疑心の強い男のようです。政治部主任を勤めている周恩来の評価ですけれど。周はきわめて聡明ですから、うまく蒋校長と折り合っていけるでしょう。
入学して三ヶ月経った劉志丹、李運昌たちは、熱心に軍事教育を受けていますよ。先生の教えをいつも思い出している、と言ってました。ただ広東の暑さにはさすがに参ってるみたいですね・・・――

今は、広東で活動している鄧中夏からの便りが届いた。

孫文の死後、国民党右派はさっそく北京の西山に集まって西山派を名乗り、反共策動を始めたが、共産党と国民党左派の青年は共同していち早くそのもくろみをつぶした。ただ情勢は複雑であり、特に軍事権を握る蒋介石の動向は要注意だ。それでも全体としては、孫文の遺志を継いだ労働運動、農民運動は急速に発展し、ソ連の軍事的支援を得た国民革命軍による北上統一の声は高まった。

北方では、馮玉祥将軍の西北軍が北京周辺を抑えていた。その動きに脅威を感じたのは日本である。奉天派軍閥張作霖を後押ししていた日本帝国主義は、一九二六年三月十二日、軍艦を天津の外港である大沽に侵入させて陸に向かって砲撃した。さらに、それに応戦した西北軍の対応を北京議定書違反と決めつけ、英米など八カ国に呼びかけて北京の段祺瑞政権に共同抗議し、あまつさえ最後通牒まで発して恫喝に及んだ。

これを知った私たちは緊急の大衆行動を提起した。とりわけ憤激した学生たちは、段内閣が帝国主義に屈服しないよう求めて、各学校に動員をかけた。

三月十八日、国民大会が天安門前で、一万人を集めて開かれた。孫文の遺影が掲げられ、「不平等条約撤廃」の幟がいくつも立った。集会の後、学生を先頭に整然と隊伍を組んだデモ隊は政府のある鉄獅子胡同に向かった。

その時、デモ隊に帯同してその脇を歩いていた私の肘をつつく者がいた。見ると、西北軍の将校の楊秀明である。西北軍への工作の時、知り合った愛国的な軍人だった。緊張した彼の表情を見てとった私は、道の端に寄った。彼は呟きこむように語った。

「李先生、デモ隊を止めて下さい！　このまま進んだら流血が起こります。政府庁舎前には、ふだんの衛兵に加えて、段祺瑞直属の陸軍連隊が武装して待ち構えています。先ほどデモ隊に発砲許可の内密指令が下りたという情報が飛び込んできました」

私は楊の顔を見つめた。その表情に偽りはない。弾かれるように前を急いだ。しかしデモ隊の先頭はだいぶ先である。抜け道を通って、私は辛うじてデモ隊より早く鉄獅子胡同の政府庁舎前に行き着いた。目にしたのは、銃剣を構えている大勢の兵士の姿である。そこへ幟を揺らし声高らかにコールを叫んでいるデモ隊がやってきた。

私は青くなって、デモを指揮している北京学連議長の陳毅に向かって叫んだ。

「陳君！　デモ隊を引き返すんだ！　軍隊が銃を向けて待ち構えている。急げ！」

私の声をかき消すように、政府庁舎の方から銃声が響いた。私の傍を弾丸が抜けていく。デモ隊の先頭にいた学生の肩から血しぶきが上がった。後ろから押し寄せるデモ隊列に阻まれて、先頭集団の学生の逃げ場はない。兵士たちの突撃しながら連射する銃火が辺りに注がれ、銃声の轟然たる響きが鳴り渡った。

悲鳴、怒号、叫喚、咆哮、哀号、呻吟、・・・すさまじい音声がその場を蔽った。殴打に倒れ伏し、血潮にまみれた死傷者の折り重なった現場は、まさに地獄絵図と化した。私のすぐ横にいた学生も銃弾で倒れた。彼の肩を担いで連れ出そうとするその時、追ってきた兵士の銃把で側頭部を殴られた。

「李先生！　俺につかまって！」

倒れかかった私の腕を学生の一人が逞しい力で支えた。ところがその青年の顔も瞬時に歪んだ。額から血がほとばしった。

それからは何がどうなったか、詳しくは思い出せない。私は道の側溝に転落してしばし気を失っていたらしい。やっと気づいた時には、デモ隊の群れは四散していた。道には青年の死体がいくつも取り残され、負傷者の呻き声があちこちから洩れ出ていた。

北方地区委員会の事務所にどうしてたどり着けたのかもわからない。そこで多くの青年学生が虐殺され、それに倍する人々が病院に運び込まれたことを知った。この暴虐によって、学生四十七名が非命に斃（たお）れ、負傷者は二百人以上にのぼった。

しかし北京学連の陳毅、范鴻劼（はんこうかつ）、許広平（きょこうへい）らは、すぐさま犠牲学生たちの追悼集会を各大学で組織して、涙と怒りの中、反帝国主義・反軍閥の強い意志を世に示した。

「これは一つの事件の結末ではない。一つの事件の始まりだ。
墨で書かれた戯（ざ）れ言は血で書かれた事実を決して掩（おお）い隠すことはできない。血債（けつさい）は必ず
同一物で償われねばならぬ。
支払いが遅れれば遅れるだけ、いっそう高い利息をつけねばならぬ！」

これは、女子師範大学の教え子劉和珍（りゅうわちん）らの虐殺に衝撃を受け、この三月十八日を「民国以来最も暗黒の日」と指弾（しだん）して、文芸誌「語絲（ごし）」に発表した魯迅の怒りの一文である。

またしても私には逮捕状が出た。

民衆の軍隊へ

突如、馬賊からのし上がった張作霖と奉天派軍閥三十万が北京に進駐してきた。国民革命軍の北上を怖れた日本帝国主義にそそのかされたものだった。それまで北京の南郊を抑えていた馮玉祥の西北軍十数万は、やむなく北京の北西で内モンゴルに近い本拠である張家口に退いた。馮がかって仕えていた直隷派軍閥呉佩孚の二十万も、イギリス帝国主義の後押しを受けて河南から首都を窺っていた。

部下の一部の離反もあって、軍を指揮する自信を失いつつあった馮玉祥から悲鳴に近い電報が届いた。国民革命軍に呼応する有力な武力を失わないため、私は駐華ソ連大使カラハンを伴って張家口へすぐ向かった。

「李先生、残念ながら今の小官の力では、とうてい南方の革命軍に呼応できない。とうとうこのていたらくです。しばらく軍から身を引こうと思う」

国民革命に同情してはいても、目の前の軍事力の差に動揺している馮はそんな弱音さえ吐いた。

「将軍、お力落としには及びません。軍閥の軍事力は一見強そうです。しかし、帝国主義国からの支援の金で寄せ集めた兵隊たちばかり、彼らの進むところ徴発と略奪が横行して、民衆の怨嗟（えんさ）の的になっています。さらに各軍閥、各帝国主義国間の利害対立が絡（から）み合って一枚岩とはほど遠い現状じゃありませんか。
五・四（ごし）運動以降、青年婦人層はめざめ、新しい階級である労働者の組織化は飛躍的に広がっています。また数多くの農民協会は軍閥の略奪に抵抗して武装自衛の力を強めています。何よりも北上統一をめざす国民革命軍の到来もそう遠い日ではありません」

本営となっている旧蒙古軍兵舎内の司令官室で、馮玉祥はなお憂鬱そうな表情を隠さなかった。

「将軍にぜひ紹介したい方が本日ここに同行してくれたソ連のカラハン大使です。彼は私ともども亡き孫文総理と救国の方策を練った仲です。将軍の志にきっと具体的に尽力できる方法を示してくれると思います」

カラハンは微笑みながら馮将軍と握手し、通訳なしの中国語で語った。

「ソ連政府は孫文先生の遺志を尊重し、国民革命の進展に大きな期待を持っています。とりわけわが国と隣接する内モンゴル人民に支持された馮将軍については、政府部内でもよく名が知れ渡っており、連携可能な進歩的勢力として高く評価しています」

それから二時間あまり、私たち二人は馮将軍と率直に協議を進めた。話は当然ながら西北軍の現状とそれを踏まえた軍政改革に及んだ。軍閥の軍隊から民衆の軍隊に変えることが何よりの核心であること、ソ連の赤軍に倣って政治将校を各部隊に配置すること、そのための人材には北京の共産党・国民党の青年がふさわしい役割を担いうること、さらにソ連の軍事顧問団の受け入れについても。

馮玉祥を力づけたのは、カラハンが提示したソ連による武器援助だった。歩兵銃五千挺、弾薬六千万発、各種火砲八十門、その他軍用器材、薬品の無償供与は彼を驚かせた。

私は声を強めて彼に語った。

「将軍、何よりも大切なのは、民衆に支持された軍隊を指揮する信念です。それを確信するためにも、一度ぜひ自分の目でソ連を訪問してみませんか？　このカラハン大使が万事手配してくれるはずです」

最後の言葉が馮将軍を動かした。彼は目を見開き、大きくうなづいて手をさし伸べた。


一九二六年九月、馮玉祥将軍は、ソ連訪問から帰国した。さっそく将軍から連絡が入り、張家口にある彼の私邸に招かれた。クリスチャンとして有名な李徳全夫人と共に迎え入れた彼の顔には、出発前と一変して快活の色が浮かんでいた。

「李先生の勧めに従って本当によかった。ソ連では予想外の歓待を受けました。レーニンに代わる新しい指導者のスターリンとも握手しましたよ。彼の直接指示により、赤軍の高級将校から軍事戦略についてさまざまな局面の図上訓練を受け、ロシア革命後の反革命制圧の鍵を実感できました。また実際の地形に即した軍事教練を視察できたことも大きかった。

各地で中国の国民革命支援の集会が開かれ、その都度ソ連人民の熱烈な励ましを受けたのは忘れられない。国内情勢だけにとらわれていた自分の視野が大きく広がったような気がします。

コミンテルンの中国代表蔡和森がいつも付き添って何くれとなく世話してくれました。通訳の張太雷は先生の教え子だそうですね。東方大学の中国人留学生たちとも懇談しました。国民革命軍の司令官蒋介石の息子である蒋経国もその中に混じっていたのには驚きでしたが。

先生、もう大丈夫です。小官は改めて国民革命成功のため西北軍を率いて身を献げる覚悟が決まりました」

旧知の李徳全夫人も目を輝かせて語った。

「李先生、私もソ連婦人のめざましい活躍ぶりに強い刺激を受けました。ほうぼうの婦人の集会に呼ばれ、その中で亡きレーニン夫人のクループスカヤさんにもお会いしました。李先生のことを向こうからなつかしそうに話してきましたよ。聡明ですばらしい方ですね」

帰ってきたのは、馮将軍だけではなかった。ソ連の軍事顧問団と共に、劉伯堅ら三十余名の留学生も加わっていた。劉は趙世炎と共に中国共産党モスクワ支部を結成した気鋭の青年である。彼らは軍に人民解放の魂を注ぎ込むためにやってきたのだ。

西北軍は馮将軍の帰還により面目を一新した。訓練の精度は向上し、軍事装備もソ連の援助により飛躍的に上がった。何よりも軍隊内の政治工作が重視され、部隊には政治将校が部隊長に次ぐ権限を有して、意識改革にとりくんだ。

ある時、やはり軍内工作に当たっていた趙世炎が一人の男を連れてきて私に引き合わせた。

「先生、紹介します。パリ、モスクワで私と一緒に活動した同志で、名は鄧小平、僕と同じ四川省出身の弟みたいな奴です。躰は小さいけれど何でもバリバリやってのけるんですよ。フランスでは、周恩来の書いた原稿をすぐガリ版で切って印刷に回すので、みんなから〝ガリ切り博士〟と呼ばれてましたね。そのすぐれた政治感覚・事務処理能力は、僕が請け合います」

背は低く平凡な風采だが、話をするとよく目が光り、きびきびとした動作で辺りに活気をもたらす青年だった。

「李大釗同志の論文はモスクワでもよく読み、国内情勢を知る上でいつも勉強になりました。今こうして一緒に活動できるなんてとても嬉しいです。ぜひいろいろ教えて下さい」

言葉だけではなかった。驚いたことに、彼は毎日のように顔を出し、疑問に思ったことを遠慮なく質問してきた。理論的なことよりも実際的なことに関心が向くようで、精力的に動き回り、情況を読む嗅覚に長けていた。

馮将軍の支持を得て、劉伯堅と共に軍事指導幹部の養成のため、中山軍事学校を設立した。国民革命軍の主力幹部を養成した黄埔軍官学校に倣い、それは〝第二の黄埔〟と呼ばれたものである。

中山軍事学校はソ連の軍事顧問が軍事指導を、モスクワ留学生組が政治教育に当たった。劉伯堅と相談して、鄧小平を学校の政治指導部長に据えた。

馮玉祥は西北軍将兵十五万を五原に結集させ、その場で力強く宣言した。

「我々は、救国の最前線に起つ。いつまでも帝国主義に寄食している軍閥の思うがままにはさせない。本日より西北軍は国民軍連軍と名を変え、国民革命に合流する」

馮を総司令とする国民連軍は、八ヶ月も包囲されて苦戦している西安の国民軍救援に赴いた。優勢な兵力をもつ直隷派軍閥軍を打ち破って、西安を解放し、国民軍との軍事的合流も果たした。

ここで周兄弟について触れておきたい。浙江省の紹興出身である周樹人・周作人の二人についてだ。

周樹人は教育部の社会教育司の科長で、北京大学、女子師範大学などで中国文学の講師を兼務している。私も加わっている雑誌「新青年」の同人として知り合った。魯迅というペンネームで小説「狂人日記」を書いて一躍文学革命の旗手と目された。

さらに「阿Q正伝」ではノーベル文学賞候補に推された。しかし、彼はそれを辞退したと聞いた。中国にはまだノーベル賞に値する作家はいない、黄色人種で初めてという特別待遇は中国人の虚栄心を増長させるだけだから、甘受するわけにいかない、という皮肉をこめた魯迅らしい理由からだ。

その弟の周作人は、北京大学教授で私の同僚である。ギリシャ文学や江戸期の日本文化に傾倒し、その該博な知識と達意な文体をもって、ある意味では魯迅よりも早くから文名が高かった。仲のとても良かった周兄弟なのに、ある事件を境に義絶したらしい。その間の事情はいまだ私にもよくわからないが・・・。二人とも面識はむろんのこと交遊もあったので、それだけに複雑な思いがあった。

中国社会が抱える病根を徹底的にえぐり取らなければならないという危機的な認識では、魯迅の思いと一致することが多かった。その鋭い芸術的感性と事象の本質を見すえようとする思索の深さについては、かねてより敬服していた。

周作人は穏やかで気さくな人物である。大学で顔を合わせることの多かった彼とは、時々互いの家を訪ねあって歓談する仲でもあった。子どもたちも周先生、と呼んで懐いている。彼は思想的な立場は違うけれど、学究肌でリベラルな考えを持ったヒューマニストである。私が共産党員だということで態度を変えたことは一度もない。情の厚い男である。

あの三月十八日の段祺瑞による虐殺事件の殉難学生追悼集会に、思いがけなく彼が来ていた。彼も自分の教え子の死に居たたまれなかったのだ。視線が合うと、彼の方から私に話しかけてきた。

「李先生、こんな所に顔を出しては危険ですよ。段祺瑞はきっと誰よりもあなたを狙っているはずです。早く北京を脱出して下さい」

「そう言って下さるお気持ちは嬉しいです。でも、みんな逃げ出したら、首都は真っ暗になってしまいます。誰かが踏みとどまらなければなりません。私はこの後すぐに地下に潜りますから、心配しないで下さい」

「でもご家族はどうなさるんです？　よろしければせめてご家族だけでも私の家に避難さ

せませんか」

「本当にありがとうございます。これまで弾圧を受けそうな時は家族を故郷に戻しました。それも追及の手が厳しくなってきた今、難しくなってきたのは確かです。先ほど地下と言いましたが、実際は外国の友人が受け入れてくれると決まったのです。ひとまずは家族と一緒にそこにいようと思います」

「そうおっしゃるなら、無理にとは申しません。ただ李先生のご家族に対してはせめてものお力添えはしたいと思っていたのです。先生のお人柄には限りない敬愛と友情の念を抱いていますから」

「周先生のご厚情に感謝の言葉もありません」

私たちは握った手を離しがたかった。


帝国主義に最後通牒をつきつけられた執政の段祺瑞は、青年学生の救国の願いを銃剣で抑えつけることにより、その売国性を国民の前にさらけ出した。さらに北京を武力制圧した張作霖は、いっそう強暴な弾圧体制を布いて、民衆の街頭行動はむろんのこと、国共両党の動きをいっさい封じこめようと図った。

共産党北方地区委員会、国民党北京市党部は、事実上戒厳令下の首都の状況を分析し、指導的同志の多くが北京を脱出し、武漢の国民革命軍に投じて国民革命の前線に行くという方針を固めた。三月末には、陳独秀総書記の息子の陳延年・陳喬年兄弟を初め趙世炎、劉清揚らに加えて、国民党左派の大多数の幹部が北京を脱出し、次々と武漢へ向かった。

その一人の陳毅は、私に対しても一緒に離京することを強く迫った。

「李同志は、私たち北方の革命派にとって北極星のような存在です。あんな張作霖ごとき軍閥に殺されては革命の大損失です。多くの同志たちのように私たちと一緒に武漢へ行きましょう、いや行くべきです」

「陳同志。張家口にある馮玉祥将軍の国民連軍はいま国民革命軍に呼応して戦う態勢を強めているのだ。河南の武装した農民運動も急速に拡大している。東北地方や内モンゴルの反日武装暴動の意気は高まっている。だからこそ北京を全く空にするわけにはいかない。私は首都の内部から国民革命軍を支える。いずれ合流できようが、陳同志は先に脱出してほしい。私たちはソ連大使館に避難するから大丈夫だ。そこを根拠地として北京内外の運動を進めていく」

こうして陳毅も北京を去った。残ったのは、范鴻劼、張挹蘭ら二十人ほどの国共両党の青年たちで、彼らは私と一緒にソ連大使館で闘争を継続すると言ってきかなかった。

今の駐華ソ連大使はカラハンである。彼とは、広東で孫文を囲んで国共合作の策を練り、モスクワのコミンテルン大会でも旧交を温めた仲なので、私たちの活動への援助を快く引き受けてくれた。

これからは、大使館内の旧兵舎での生活となる。北京大学の蒋夢麟学長は事情を理解してくれたので、しばらく大学を離れることについては了解を得た。しかし国民革命と党活動に専念することにより、今までと質の違った忙しさにぶつかることになるだろう。

上海の党中央とは連絡をとりながら、国民革命軍や馮玉祥将軍の国民連軍にソ連からの軍事援助の仲介ルートを構築するのが当面の急務である。大使館を拠点としての闘争継続には、細心の注意と機敏で冷静な行動が求められる。

私は当局から顔を知られているので、大使館の敷地からはなかなか出られそうもないだろう。しかし、范鴻劼たちは、これまでも市内の各団体への連絡はもちろんのこと、東北・内モンゴル地域、それに国民連軍への工作も的確にやってくれた。商人や農民に変装して青年らしい行動力で情報収集やオルグ活動を進めている。

中でも張挹蘭は、鄭州まで足を伸ばして農民結社である紅槍会の猛者たちとも国民革命軍との共同作戦を練り上げていた。「女将軍」と河南の農民たちからあだ名されるほど胆力ある彼女は、私の家族ともとても親しいので心強い。

北伐戦争の最前線に飛び込んでいった青年たちは陳独秀総書記と合意の上での人選だが、

残った青年たちも革命のこれからを担うすばらしい闘士たちである。

今宵がわが家で家族が過ごす最後の夜となる。妻の趙紉蘭は、餃子の入った鍋を食卓に運んだ。ふだんとは違った特別な料理に、李星華、李炎華の姉妹、幼い李光華、李欣華の兄弟みな大喜びだ。子どもたちに私は言った。

「食べる前に聞いておくれ。しばらくこの家とはおさらばだ。みんなで外国旅行をすることになる」

「え？　本当？　どこへ行くの？」

目を輝かせて、李炎華が訊いた。

「ソ連だよ」

「前にお父さんが行った国だよね。お兄ちゃんが言っていたレーニンおじさんがいたところでしょ」

姉の李星華がませた口ぶりで私に同調を求める。幼い李光華や李欣華は訳が分からず、母の方を見上げた。

「ごめん、ごめん、旅行というのは冗談だ。本当のことを言おう、明日からはこの家を離れなければならない」

「また私たちは故郷の大黒坨村（だいこくた）に戻るの？　そしてお父さんはやはり五峰山（ごほうざん）へ？」

「今度は家族みんな一緒だ。行く先はこの北京の別の場所、ソ連から来た人たちの住む広い屋敷だ。ただ今までのように街中を出歩くことは難しいだろう。しばらくの間窮屈だろうが、その屋敷の中で辛抱するんだよ。でもソ連の人たちはきっと親切にしてくれるから、心配はいらない」

子どもたちはみな黙りこくった。明日からの暮らしがどうなるか想像もつかないのだ。李星華が言った。

「ソ連の人ばかりなら、言葉は通じるの？」

「大丈夫、たいていは中国語を話せる人たちだし、私たちだけではない。范鴻劼君や張挹蘭さんたちのように、いつもわが家に来る人たちも一緒だからね」

「ええ?!　張姐（ねえ）さんも来るの？　また楽しい話聞けるね！」

少し沈んでいた李炎華の顔がぱっと明るくなった。彼女は元気でさっぱりとした張姐さんが大好きなのだ。趙紉蘭が声をかけた。

「さあ、餃子が冷めるから、早くお食べ」

子供たちは先ほどからの緊張が解けて、いつものようにおしゃべりしながら水餃子を頬張った。

子どもたちはもう寝静まったようだ。妻は明日からの生活に必要な荷造りのためにこんな夜更けまで懸命になっている。若くして私の学業の継続のため家計の工面に苦労してくれた妻。大学に職を得たのも束の間、革命活動に給料の大半を注ぎ込んだ私に、子供たちのため時に不平を言っても、根っこでしっかりと理解し、支えてくれた妻。明日からはソ連大使館内でのさらに厳しい生活が待っているだろう。だが、彼女や家族と共に過ごすこれからの日々は、私に新たな勇気と活力をもたらしてくれるに違いない。

寝る前に、彼女がぼそっと口にした言葉は、私の心にも響いた。

「ここにまたいつ戻って来られるのかしら。それに武漢にいる李葆華も元気でいてほしいものね」

長男の李葆華は、もう十七才。すでに社会主義青年団に属し、国民革命軍の一員として闘っている。成長した息子と遠くない時期にこの北京で解放の朝を迎えたい。それまで何としてもここで闘いの炎を燃やし続けなければならない。

ロシア革命に触発され、そこから見出したマルクス主義という希望は、まさにプロメテウスが人間にもたらした火そのものだ。私たちはこの火を、苦難と絶望の淵に追われた中国の四億の人々に手渡さなければならぬ。帝国主義に半植民地化され踏みにじられた民族の誇りと祖国の大地をとりもどさなければならぬ。

この私たちの志と行動を圧殺しようと反動の鉄の輪が締めつけてくる昨今だが、私はいささかも悲観してはいない。私の周りのすぐれた青年たちと共にあるからだ。彼らこそは、これからの中国の希望だ。

北京で闘う者たちばかりではない。

鄧中夏（とうちゅうか）――その誠実で思慮深い性格と疲れを知らぬ実践力は、一年以上にわたる広東・香港のストライキ闘争のような労働運動の指導で十分に発揮され、次代の党の屋台骨を背負っていくだろう。

毛沢東――湖南での活動だけでなく、彼の不屈の闘魂は今や全国の農民運動の中核になりつつある。

周恩来――彼ほどの状況へのすぐれた対応力と人を惹きつけてやまない人間性の持ち主は他に得がたい。彼はどんなつながりも紡（つむ）ぎ出し、革命の力に変えていく。

瞿秋白（くしゅうはく）――その語学力とすぐれた論理的思考に加えて、人間への洞察力豊かな感性は、革命に文化的な風を吹き込むだろう。

ここに挙げきれないすばらしい青年たちが国民革命の嵐に合流し、中国を根本から変革するエネルギーと化すはずだ。どこに身を置こうとも、こういう青年たちと肩を並べて闘っているという実感こそ、私の活動力の源泉なのだ。

軍閥と帝国主義が結託して蝕む中国社会の蔽いがたい腐朽と衰亡は、革命を不可避のものとしている。それは明日ではなくとも、決して永遠の彼岸ではない。その確信をもって、北伐を進める国民革命軍の北京解放の日を私たちは内部から闘いとる決意だ。

ここまで綴ってきたノートもいよいよペンを置く時となった。

解放の朝に鳴る鐘の音を、すべての中国の人々と共に聞く日が近からんことを。


（完）

父の犠牲前後

就義前的李大釗同志

李星華（りせいか）

父の手記を読み終わった後、改めてあの哀しみと憤りの日々が鮮明に浮かびあがってきました。ふだんは明るい妹の李炎華（りえんか）も、泪（なみだ）をこぼしながら読み継いでいます。

父の処刑前後の情況は、その時代の空気を吸った私たち家族の者が伝えなければ、後の世にどう誤って伝えられるかわかりません。目にしたこと、感じたことを記すのは、民衆のために犠牲になった父に対する私に課せられた責任なのだと思いました。

あの日々のことを思い出すのは、なつかしい反面、とてもつらいことでしたが、できるだけ正確に父と私たち家族の体験した真実を記そうと思います。

不安な日々

事の発端は、一九二六年の〝三・一八〟にさかのぼります。

たくさんの学生たちが軍閥政府の銃弾に血を流したこの虐殺事件は、私にも強いショックを与えました。私の知っていた父の教え子たちもその犠牲者の中にいたからです。そして、またしても政府から父に対する逮捕状が発令されました。政府部内にいる元教え子からそれを知らされた父は、急遽（きゅうきょ）私たち家族を連れて、ソ連大使館に避難したのです。

東交民巷（とうこうみんこう）という各国の公使館街の一角にソ連大使館はありました。衛兵に案内されてその敷地内に足を踏み入れると、ロシア語に混じって、女性の中国語が耳に飛び込んできました。

「李先生、そしてみなさん、お待ちしていましたよ」

見ると、父の教え子でわが家にいつも出入りしているので張姐さんと呼んで親しんでいる張挹蘭（ちょうゆうらん）同志が笑顔で迎えてくれました。不安そうに私の手を握って離さなかった妹の李炎華はそれと気づくと、張姐さんにパッと飛びついていきました。

「炎華ちゃん、星華ちゃん、これからは一緒よ」

李炎華を抱きしめた後、張姐さんはいつものてきぱきとした動作で私たちを中に導いてくれました。范鴻劼（はんこうかつ）同志など数名の青年もすでに大使館に来ていたのです。

大使館の東側の中庭を夾んで、二階建ての細長い建物が連なっていました。義和団運動の時、帝制ロシアが出兵した折りに使用された旧兵舎だと、後で知りました。今は大使館の衛兵や雑務に従事する職員などの住まいとなっており、それでも空き部屋は相当あるようでした。避難してきた同志たちはみなここで暮らすことになりました。張姐さんは、私たち家族六人を他より広い二間続きの部屋に案内してくれました。士官用の部屋だったそうです。ここが私たちのこれからの生活の場になりました。

父は興味深そうに部屋全体を見回しています。母は持ってきた荷物をほどき、さっそく整理を始めていました。そこへ眼鏡をかけ髭を口元にたくわえた長身のおじさんを先頭に、数人のロシア人が入ってきました。父は彼らに近寄って、親しそうに握手を交わしています。

「みんなに紹介しよう。これから私たちがお世話になるこの館の主のカラハンさんだ。ソ連の大使でお忙しい方だが、中国語は上手だから心配ないよ」

「親愛なる李先生ご家族のみなさん、こんにちわ。私たちは中国の未来のために奮闘されるみなさんを熱烈に歓迎します。

今、みなさんの仲間が十人近くここに居りますが、これからさらに増えてくるでしょうから、淋しくはありません。中国語がわかる大使館員や中国人の職員も少なくないので、何か困ったことがあったら、遠慮なく訊いて下さい」

カラハンさんを初め見た時は、背が高く厳めしそうで少し怖い感じがしました。けれど笑顔を浮かべわかりやすい中国語で語りかける様子にいっぺんに親しみを持ったのです。何よりも父ととても仲良さそうに語っている姿に信頼感を覚えたからでした。

私たちの部屋から同じ並びの少し離れた場所に父の仕事部屋が設けられました。共産党と国民党のそれぞれの連絡事務所です。父は両党の北京の責任者を兼ねていました。

子どもたちは私たちだけですが、范さんや張姐さんがいるので安心です。それに日を追って新しい仲間が増えました。とりわけ元気のよい青年が譚祖堯同志でした。とても精悍な感じで声も大きく、誰に対しても気軽に冗談を飛ばし、周囲を明るくさせてくれました。私たちともすっかり仲がよくなったのです。

ただ、彼らは父の事務室で相談した後、よく身なりを変えて外へ出かけて行きます。特に張姐さんはふだんのうちとけた様子とうって変わった男のような身なりをすることがありま す。それがまたとってもかっこいいのです。その姿で出て行くと、一週間ほど帰って来ないこともありました。戻ってくると、決まって泥人形や竹細工の玩具、そして棗の実などをお土産に持ってきてくれました。河南地方の農村に行っていたようです。

譚さんは張姐さんを指して、いたずらっぽそうに言いました。

「気をつけなよ、張姐さんはほんとは恐いんだぞ！　張姐さんは水滸伝に出て来る女英雄の一丈青扈三娘みたいだと言われるほどで、河南の農村では知らない人はいないんだぜ」

河南では、農民協会の人たちと一緒に革命工作をしてるのだそうです。そんな颯爽とした張姐さんはあこがれであり、私たちは大好きでした。

父が母に語る話の断片から、外部の様子が私たちにも伝わってきました。

私たちがソ連大使館で生活を始めてひと月ほど経った後、日本帝国主義に後押しされた奉天派軍閥の張作霖が北京に押し入ってきました。彼らは革命派ばかりでなく、進歩的なジャーナリストまで迫害・処刑し、首都を恐怖と弾圧の街に変えたのです。

一方で、亡き孫文先生の遺言にしたがって国共合作が進み、北伐戦争が始まりました。行く先々の農民たちの歓迎を受けて、広東を出発した国民革命軍は長沙を攻略して、さらに長江中流の中心拠点である武漢を勢力圏に収めました。国内情勢は、国民革命軍の有利な局面に向かっていきます。

それだけに北京も緊迫した空気が張りつめてきました。父と若い同志たちの仕事も忙しくなってきました。この頃、連日父たちは事務所に集まって情勢に対応すべき闘争態勢づくりのため長時間の討議を費やしていたようです。その結果、一部の同志たちは兵舎から出て北京を離れていくことになりました。ある者は武漢一帯へ行って国民革命軍に身を投じました。ある者は派遣されてソ連へ留学する道に進みます。ソ連留学をする同志を見送る時、私も思わず羨ましくなって、父に訴えました。

「お父さん、私もソ連へ行ってみたいな。留学できないの?」

父からいつもソ連と偉大なレーニンの話を聞いていただけに、早くこの目であの神話のような社会主義国を見たかったからです。

父は私の頭を撫でながら、おだやかに言いました。

「あわてなくてもいいんだよ。君はまだ小さい。今にきっとチャンスが来るに違いない。待てば海路の日和あり、って言うだろう?」

一九二七年が明けると、私たちをめぐる情勢にはさらに厳しい変化が現れました。ある日、通信工作の責任者である閻振山(えんしんざん)同志が手紙を出しに出かけたなり、暗くなっても帰ってきません。事情を確かめるため父に派遣された人が戻ってきて、はじめて彼が逮捕されたことを知ったのです。しかも翌日、炊事や雑用担当の張全印(ちょうぜんいん)同志も食材を街へ買いに行ったまま、戻って来なかったのでした。

数日経って、誰の推薦によるものなのか、代わりとして雑用係に雇われた中年の男がやって来ました。この人はずる賢そうな顔つきで、陰でこそこそしながら落ち着きのない様子で、周囲を見回している姿をよく見かけました。それで私と妹は、〝化けネズミ〟とあだ名をつけてやりました。母も最初からうさんくさい男だと嫌っていました。それで夕食に戻ってきた父に、母ははっきりと告げたのです。

「私たちはずいぶん犠牲者を出しているんだから、さっさと怪しげなあの男を追い出して下さいな」

父はそれを聞いて、私たちにもその男の挙動について訊（たず）ねました。

翌朝すぐ、父はこの男にひまを出しました。後でわかったことですが、彼はやっぱり軍閥政府が送り込んだスパイだったのです。それればかりではありません。この頃になると、東交民巷の入口や大使館の周りには、人力車夫に変装したスパイたちがたくさんいました。彼らは近くに停車して、人力車を磨いたり煙草をふかして雑談したりしながら、行き交う人々の様子をうかがっていました。

党の方針で大使館を離れた同志や逮捕された人が出て人手が減ったので、炊事は全員が力を合わせて賄（まかな）うことにしました。しかしみんなそれぞれの役割を楽しそうに果たしました。父は水桶を持って水を汲む係です。范鴻劼さんは洗い桶を傾けて米を磨（と）ぎ、譚祖堯さんは包丁を持ってまな板に向かっています。私と妹は、食膳係です。

ある時、譚さんは声を上げました。

「痛っ！　やってしまった、関羽一生の不覚！」

見ると、譚さんの人差し指から血が滴（したた）って野菜の葉が赤く染まっているではありませんか。けれど譚さんは大仰（おおぎょう）に包丁を掲げながら、京劇俳優のような見栄を切っています。そこへ父が声をかけました。

「こりゃあいい！　ちょうど肉料理が足りなかったから、今日はなまぐさ料理が食べられるぞ！」

みんな腹をかかえて大笑いしました。協力して暮らしを乗り切ろうという気分に満ちあふれ、危険と隣り合わせの局面にいるとは思われないほど愉快そうな雰囲気でした。

数日後、夜遅く大使館へ戻ってきた范鴻劼さんがすぐ父に面会に来ました。顔を紅潮させて、彼は言いました。

「郊外に駐屯している西北軍に連絡をつけに行き、その折り張兆豊（ちょうちょうほう）参謀長に会いました。その時、これを李先生に渡してくれと手紙と共に言づかってきました」

范さんは鞄（かばん）から黒革のケースと封書を大事そうに取り出して、それを父に渡しました。

「あの張参謀長が私に？　何なのだろう、情勢がまた変わったのだろうか？」

そう言いながら、父がケースを開いて中のものを取り出すと、その場にいた者はみな驚きの声を上げました。父の手には一挺の黒々と底光るピストルが握られていたのです。傍にいた母は緊張のあまり慄えています。父は封書を開いて、張参謀長の手紙を読んでいました。

「心配することはない。特別変わったことが起こったわけではない。けれど軍閥政府はスパイを通じて大使館に私がいることをつきとめ、厳重な包囲網を布いているとのことだ。張参謀長は私の身を気遣って、万一の場合を想定して護身用にピストルと銃弾を贈ってくれたのだ」

それでも私は父の手にあるピストルを見て、これまでにない不安を覚えました。同時にあの〝化けネズミ〟が父を密告したに違いないと確信し、怒りがこみ上げてきたのです。

この頃から、父の仕事はいっそう忙しくなってきました。毎日、夜遅く戻り、朝は私たちが目覚めないうちにもう出かけていく有様です。たまに部屋にいる時は、本を読むか文書を整理するかで、私たちと話すひまもありません。

私が中庭を散歩していた時です。奥まった所に資材倉庫がありました。何気なくその裏手に回ってみると、父と范鴻劼さんが焚き火をしながら何かを燃やしていました。私は近寄っていきました。

「ここにいて、いい？」

いつも柔和な父でしたが、なぜかこの時の表情は一瞬硬かったのです。私に気づいてすぐ微笑んでうなづきました。

「暖まるからもっと近づいていいよ」

範さんが手招きします。二人は傍に積んである文書類を点検しながらそれを燃えさかる火に投げ入れているのです。しゃがみながら、私はぼんやりそれを見ていました。それら本や紙切れは火にくべられると、すぐに濃い煙を出し、あっと言う間に燃えてしまいます。それらは濃淡さまざまな灰色の蝶に変わり、空中でたえずひらひら舞っていました。

父と範さんは黙々と文書を火の中に放り入れています。私は訊ねました。

「お父さん、なぜこれを燃やしてしまうの？　もったいないのに」

父はすぐには答えません。しばらくして、やっと口を開きました。

「もう要らなくなったんだよ。それで焼いてしまうんだ。何も気にしなくていい。ただ、これは他人にしゃべってはいけないよ」

父はいつも慈しみ深く、私たちのどんなたわいない質問にも興味を示し、面倒くさがらず話してくれました。この時に限ってどうして答えがこんなに曖昧なのかわかりません。でも、すぐに感じとったのです、いろいろな事情があって話せないことなんだろう、と。それ以上私も聞けず、傍でじっと炎の燃えさかるのを見続けていました。

ある日、母からの伝言を言づかって、父の仕事場である事務所へ行きました。戸を開けると、父を囲んで張姐さんや範さん、譚さんが何やら真剣な表情で話している様子でした。特に声の大きい譚さんが、李同志、ぜひ決断して下さい！　と叫ぶように言うのが聞こえました。私の顔を見ると、さすがにみんな口を噤みましたが、いつもと様子が違います。

部屋に戻って母にそのことを告げました。夜戻ってきた父に母が訊ねたのは言うまでもありません。父は仕方なく昼間のことを白状しました。大使館をめぐる情況が悪化してきたので、青年同志たちは、父がここから脱出して武漢へ行くようにみんなで説得していたというのです。もとより心配でたまらなかった母は、そんな同志たちの意見に大賛成でした。声を励まして、父の脱出を懇願します。しかし父はめずらしく母に叱るような調子で語りました。

「どうしてわかってくれないんだ！　私はたやすく北京を離れるわけにはいかないんだよ。もし私が逃げ出したら、北京での任務は誰が引き受けるんだい？　ぜひ君にも理解してもらわなくてはならない。私たちが厳しい時は、敵にも危機が迫っている時なんだ！　ここは耐えしのんでくれたまえ！」

母は黙ってしまいました。

そんな両親の言い争いを目にして、それからはいっそう不安な日々を送るようになりました。

逮捕されて

その日はちょうど清明節でした。一九二七年四月六日のことです。目を覚ますと、天気がとてもうららかで気分が明るくなる朝でした。シャツを着替え浮き浮きしながら窓の外を眺めていると、満開の白梅で華やかになった中庭の方から父の声がかかりました。

「早く外へ出て来るがいい、すっかり春になったよ!」

珍しくゆったりとくつろいだ朝を迎えている父の様子に嬉しくなって、散歩に誘いました。旧兵舎の裏手は以前は練兵場になっていたらしく広々として土も黒く剥きだしになっています。その向こうの東北隅に杉林があって、その手前の植え込みに咲く黄色い連翹の花もきれいです。旧兵舎から少し離れたその辺りを、父はこれまで散策する暇もなかったのでした。私は得意そうに歩きながら父にあれこれと説明をしました。父は興味深そうにうなずきながら私の話に耳を傾けてくれます。朝の澄んだ空気の中を久しぶりに父と歩いて、私は爽快な気分に満ちあふれていました。

その時です。〝パン、パーン〟と乾いた音が幾つか遙か向こうより聞こえてきました。続いて悲鳴とも喚声ともつかぬ人声が耳に入ってくるではありませんか。大使館の建物の方向を見やると、たくさんの人々がそこから飛び出してくるのが見えます。

「何なの？　お父さん！」

びっくりして目を見開いたまま、私は父に訊ねました。押し殺したような声が還ってきました。

「こわがらなくてもいい。星華、私から離れるんじゃないよ」

父は顔色を変えず、注意深く辺りを見回しています。その間も銃声がやむことなく、砂ぼこりが立つ中を手に何物も持たぬ青年たちが行き場を求めて右往左往している姿が目に入ってきます。それを追うように銃剣を持った武装警官の群れが現れました。

父は私の手を強く握って、近くの林の陰にある物置小屋に小走りに向かいました。小屋に入ると、そこにあった椅子に私を座らせました。父は外の様子をうかがうために小窓を覗いています。そのうち私の高まっていた動悸も収まってきました。

「お母さんや炎華はどうなっているの？」

「無事を祈るしかない。でも、奴らの狙いは私だから、命にかかわることまではあるまい。星華、いいかい？　たとえ私にどんなことがあっても、取り乱してはならないよ。その目で見たことをしっかり刻むんだ」

この言葉で、父は最悪の場合を想定して私に言い聞かせているのだと感じとりました。座ってはおられず、起ち上がって父の手をとりました。その時手を握り返しながら私に向けた父の顔を忘れることはできません。慈愛に満ちたまなざしで黙って私の両肩に手を置きました。私は泪が溢れそうでしたが、一方で泣いてはだめだ、父の言う通りにしようと、覚悟みたいなものが心の底に湧いてきたのです。

しばらくすると、外から大勢の足音がザック、ザックと聞こえてきました。私の心臓は再び早鐘を打ちます。声も出せずに私はただ恐怖の思いにとらわれて父を見つめるばかりです。やがてすぐ近くで多数の男たちのわめき声がしました。この小屋の周りはすでにぐるりと囲まれているようでした。

「ここにきっと居るぞ、一人も逃してはならん！」

荒々しい怒鳴り声が戸の外から響いてきます。ピーッと笛が鳴ったかと思うと、戸が押し破られ、喊声と共にいっせいに悪党の一団が襲いかかってきました。彼らは取り囲み、その手に握られている銃口は私たちに向けられています。父は手のひらを前にさしだし、凛然として言い放ちました。

「待て！　逃げ隠れはしない。ただこの子どもは関係ない。乱暴はするな！」

父の鋭い声に悪党どもの足は一瞬止まりました。すると、後ろから怒声が入ります、

「こいつがアカの親玉に違いない。ええい、早くとっ捕まえろ！」

数人のがっしりした体躯の憲兵が父を取り押さえ、たちまち縛り上げてしまいました。た

くさんの軍警の後ろの方に、腕を縛られた閻振山同志の顔が見えました。太った私服の特務が彼を父の面前に押し立てます。バサバサになったあの長髪の間から露わになった閻さんの蒼白い顔には、何カ所も拷問の跡が明らかでした。父と面通しさせるために引き出したのです。凶悪な顔つきの特務は憎々しげな目つきで父を指さして、問いただしました。

「お前はヤツが誰だか知っているはずだ。正直に白状しろ！」

閻さんは無表情に首を振り、知らないという素振りを示しました。間髪を入れず特務の男は閻さんの頬を張り倒して、怒鳴りあげます。

「ふざけるな！　いつも見ている顔だろ。お前が黙っていてもこやつの方から口を割らせてやる！」

冷然と父は男の顔を見据えたまま、ひと言も発しません。父の犯しがたい表情に押されて特務は視線を逸らし、部下に向かって、叫びました。

「連れて行け！」

ゴロツキどもは、父を厳重に取り囲んで引っ張って行きました。連れ出される時、父はふり返って思いのこもったまなざしで私を見つめました。ただ何の言葉もありませんでした。やがて彼の大きな背中は戸の外に消えてしまいました。私は必死で涙をこらえ、叫び声もかみしめました。

悪党どもはわずか十幾つばかりの私も容赦しません。一本の白縄で私の腕を縛り、大使館の外へ引っ張り出しました。東交民巷を出るや北に向かい、郵便総局前を通って、通用門から警察庁へ連れ込んだのです。

高い煉瓦塀に囲まれた警察庁の中庭には、すでに大使館で仕事をしていて私たちが〝おばさん〟と呼んでいる雑役婦が二人いました。彼女たちは私を見て驚きながら、近くに呼び寄せました。その一人は涙を浮かべ、私の肩を抱きしめました。数人の警官たちが私たちを監視しています。

そこへ身体中土ぼこりにまみれた母と妹が連れられてふらつきながら歩いてきました。母は私を見出すと、ほとんど泣かんばかりの様子です。瞬間、彼女は涙を抑え、私なんか知らないという振りをしました。警官たちの前なので、私たちは互いに口もきかず、地べたに座り込んでいました。そして中庭で起きる一切のことを黙って見つめていたのです。

警官たちは通用門から何度も行ったり来たりしながら、文書包みや本・ノート類、そして夜具などを中庭に運びこみます。その中の多くのものは、わが家から押収してきたものでした。それを見ながら、数日前に父たちが文書を焼いている情景を思い起こしました。ああ、父は早くから準備していたのです、これらのぼろくず以外奴らが何も得られないように、と。ふり返り見ると、母の目には憤怒の光が宿っていました。同時に深い憂慮の色もありました。母はひどく父のことを気にかけていたのです。父は今いったいどこにいるのだろう、あのゴロツキどもが口走っていたように、父はひどく拷問されているに違いない、私の心はまたひきつかまれました。私たちはみんな言わず語らずのうちに、あの通用門を見つめていました。父か仲間がそこに姿を現す望みを抱いていたからです。

夕方になって、范鴻劼同志の恋人である朱香蘭さんが連れて来られました。私たち六人はひとかたまりになって身を寄せ合いました。母は私と妹に小声で言いました。

「いいかい、本名をばらしてはならないよ。奴らが訊いても私は大使館に勤めている炊事婦の王貞と言う。お前たちは家から連れて来られて、ここで私と会った、って言うんだよ」

それから母は、私に〝王光慧〟、そして妹に〝王光娥〟と変名をつけました。

辺りがうす暗くなってきた時、警察庁の通用門がまた開きました。殺気にあふれた憲兵たちが一人の男を引きずりこんできました。見ると、この人は全身血だらけ泥だらけで着ているものはボロボロに破れて、その裂け目から血ににじんだ肌まで見えています。

もしや父ではないか、私の全身は凍りついたようになりました。夕陽の残光を透してやっと彼が父ではなく譚祖堯同志であることがわかりました。譚さんは憲兵にどやされながら警察庁の建物に連れ込まれて消えていきました。少し遅れて引っぱって来られたおばさんは、私たちの所に待機させられました。彼女はソ連の沿海州からやってきた華僑で、大使館の厨房で働く太って血色のよい人でした。譚さんの捕まえられたいきさつを私たちに訴えるように語りました。

「あの若い人は、とても勇敢だったのよ。思いがけなく警察が入ってきた時、追いかける数人の警官たちを振り払い、どこかへ消えてしまったの。ほとんどの革命家たちや大使館員が捕まってからもなかなか見つからなかった。でもハイエナのようにしつこい奴らは血眼になって敷地内の隅から隅まで嗅ぎ回りやがった。夕方まで捜し回って、とうとう杉林の手前にある温室にあの人が隠れているのを突き止めてしまった。

奴らは温室から出て来るように叫んだ。でも返ってきたのは、何発もの銃声だった。あの若い英雄は一人でゴロツキどもの襲撃を防いでいるじゃないか。奴らは笛を吹いて仲間を呼び、さらに大がかりに温室を包囲する。

私ども雇われ人もみな外へ出て、温室の方を眺めながら何とか逃げ切ってくれるように心の中で必死に祈ったものだよ。でも三十分ほどした後、銃声が止んだ。そしてまもなくあの若者は血を流しながら引き立てられていったんだよ」

ここまで聞くと、私はこの勇敢な同志に心から尊敬の念が湧き起こりました。同時に父のことを思い、彼の戦友たち共々今どんな仕打ちを受けているのか、心配でなりませんでした。

清明節前後の気象はいつも変化が大きいのです。朝はあんなに春の光がまばゆい上天気だったのに、夕方になると急に冷え込んできました。まるで天がわざと私たちに意地悪をしているようでした。

寒い夜風が昼間の薄着のままだった私たちを吹き抜けていきます。私と妹はしっかりと母の傍に寄り添い、ひたすら身体を縮めて丸くしていました。それでもびゅうびゅうと吹きつける風の寒さにぶるぶる慄えるのをどうしようもありません。

中庭の東側にある建物の方から響いてくる音は、警棒で机を叩く音のようでした。明らかに悪党どもが革命家を尋問しているに違いありません。父が拷問で責められている姿を想像し、私の心はさらに緊めつけられました。一方で私たちはそのままここに放って置かれました。恐らく敵は尋問に忙しいので、忘れているのでしょう。

暗闇がこの庭に立ちこめてきました。周りは建物のほか、鉄条網をめぐらせた高い塀に囲まれていました。真っ暗ですが、空には星がいくつかうすく光っているので、それとわかります。夜が更けていっても、尋問の怒鳴り声は止みません。時に野良猫のさかり声も混じって、警察庁の夜に陰惨さを加えました。この一日はひどく疲れたけれど、誰も眠ろうとはしません。ただ座りながら事態の過ぎゆくのをじっと待っていました。

私は自分たちの身の行方に思いをめぐらせました。悪党どもは私たちをどうするつもりかな？　ひょっとすると、死刑になるのだろうか？　すると恐怖より開き直った思いが浮かんでくるのです。

〝死刑にするのなら、死刑でもかまわない！　父と母と一緒に死ねるのだから〟

ただただ夜が明けるのを待ち望んでいました。空が明るくなれば、何もかもはっきりすると、思っていたのです。

ついに東の空がかすかに白みはじめました。うす暗い中にいくつかの灯り(あか)が近づいてきます。警官の持つカンテラでした。数人の警官が私たちを立たせ、名前を尋問します。私たちはむろん事前の打ち合わせ通り変名を使いました。

やがて私たち七人は北側の二階建ての建物へ連行されました。そこは女子拘置所でした。入口の横の部屋から三人ほどの女たちが出てきました。みな険しい表情の意地悪そうな顔をしています。女看守たちでした。私たちを引き渡した警官が帰ると、その中の頭らしい一人が金切り声を上げました。

「お前たちは処分が決定するまで、これからここで過ごすことになる。規則に従い、互いに話すことはならん！　騒ぐことは絶対許さん！」

言い終わると、女看守たちは私たちを身体検査して、リボンやヘアピン、ひも類をみな取りあげていきました。私たちはうす暗く長い廊下を連れて行かれ、鉄格子のある部屋に押し込まれたのです。彼女らは去り際に〝ポン！〟と格子戸に鉄の錠をかけ、やはり鉄製の鎖を巻きつけました。

こうして私たちの拘置所生活が始まったのです。

拘置所の中

私たちは拘置所の女子監房に閉じ込められました。ここに拘禁されている者は、むろんみな女「犯人」たちです。私たち七人は政治犯ということで真ん中のひと間にぶち込まれました。両側の部屋に拘置されているのは、刑事犯たちでした。この三部屋はそれぞれが通じ合っていて、丸太の柵で隔てられているだけです。

この刑事犯には本当にあらゆる人たちがいました。殺人犯、放火犯をはじめ、強盗、女俠客、ペテン師、人さらい、娼婦、などなど。彼女たちのある者は本当に悪い人でした。でも多くは、生活に迫られて悪の道に迷い込んだり、騙(だま)されて濡れ衣を着せられた人たちでした。泣き腫(は)らして目の赤い一人の女性は、ゴロツキにひっかかり拐(かどわ)かされた人で、私たちはみんなこの不幸な女性の不幸ないきさつに同情したのです。これらさまざまな罪悪の多くは、すべてこの暗黒社会の生み出したものであり、私に初めて社会の醜悪(しゅうあく)な実相を知らしめたものでした。

ここにはいくつかの独房もあり、戸口に〝特別室〟というプレートが掲げられていました。聞くところによると、その中に拘留されている者は政府に反逆した政治犯とのことでした。彼女たちは以前から捕らえられていた人たちだったのです。

次の日、中庭での運動のため房から出されて外の風にあたる〝放風〟の時間に、〝特別室〟の人と顔を合わせました。他の刑事犯と違った私たちの様子を見て、彼女は明らかに興味を持ったようです。女看守が気づかない隙を狙って、私にこっそり尋ねました。

「あなた方はどこで捕まったの？」

私は答えました。

「ソ連大使館で捕まったの」

するとその人は顔色を変えて聞きただしたのです。

「その時、もしや李大釗先生もいた？」

いきなり父のことが出たので、面くらいながら私は思わず言いました。

「私の父です。私と一緒にいた時、彼も捕まってしまったのです」

彼女の蒼白い顔には、にわかに沈痛の色が浮かびました。

「大変だわ。李先生は私たちの導きの星なのに。先生のお嬢さんなのね、その時の様子をもっと聞かせて」

彼女がそう言った時、気づいた女看守は憎々しげに怒鳴ったのです。

「そこの二人、話をするんじゃない！」

私たちは急いで分かれました。

それから〝放風〟の時間が私には楽しみになってきました。狭い監房の中から出されて、外気を胸いっぱい吸うことのできる唯一の自由な時間だからです。同時に政治犯の彼女と小声で言葉を交わすこともできたからです。

彼女は項新蓮（こうしんれん）という女子師範大学の学生でした。父の講義を受けて目が覚め、この運動に飛び込んだと打ち明けました。親は山西省（さんせい）の軍閥閻錫山（えんしゃくざん）の参謀でしたが、実家との絆を断ち切って、世の改造のため父の仲間になったとのことです。あの〝三・一八〟事件で虐殺された劉和珍（りゅうわちん）さんとは学生自治会で共に活動し、親しかったそうです。心やさしかった彼女のことを語る時、項さんの目にはいつも涙が浮かんでいました。この監獄には、あの事件に連座して今日まで拘留されていたのです。

彼女とその仲間は、父のことをとても尊敬していて、いつも心配してくれました。彼女たちが取り調べを受けるために看守に引っ張り出される時は、戻ってくるまでとても気がかりでなりません。でもこの女同志たちは、頑強で楽観的で決して敵に頭を下げようとはしなかったのです。手に拷問の跡を残しながら戻ってきて、私たちの房の前を通り過ぎる時、片目をつぶって合図を送ってくれました。大丈夫、私は負けない、と伝えているようでした。彼女たちの勇気に私たちはどんなに励まされたことでしょう。

その日の夕方、獄内の空気を変える出来事がありました。女看守に両腕を掴(つか)まれているにもかかわらず悪びれず胸を張る囚人が横切りました。

「あっ！」

私がその人の名を呼ぶ前に、妹の李炎華(りえんか)が叫びました。

「張姐さん！　張姐さん！」

そうです、私たちが張姐さんと慕う張挹蘭(ちょうゆうらん)同志が連れて来られたのです。張姐さんは格子越しにこちらを見ました。

「ああ！」

その後に出てくる言葉を呑み込みましたが、私たちのことを判ってくれたようです。

張姐さんはわが家に出入りするいつも明るく颯爽(さっそう)とした同志でした。父の教え子の北京大生で、私たち姉妹は彼女が来ると、傍に駆け寄って話をせがむのが常でした。特に李炎華はつきまとって離れないほどでした。張姐さんも私たちの名を呼ぼうとしたのでしょう。けれど看守たちの手前きっとそれをはばかったのです。母の姿を見ると、ひと声かけました。

「おばさ～ん！、おじさんも元気ですよ」

「話をするな！」

女看守の怒鳴り声がすぐかぶさります。張姐さんの切れ長の目が一瞬看守を睨(にら)みましたが、すぐまたこちらに微笑みかけました。彼女はそのまま奥の独房の方へ連れていかれました。

張姐さんの姿が見えなくなった後、房の中で母と妹と一緒に抱き合って喜びました。張姐さんは、父が生きていること、屈せずに敵の尋問と闘っていることを私たちに暗に知らせてくれたのです。周りのみんなの顔もとても明るくなりました。

次の日の夕方、項新蓮さんが尋問から戻ってきてからしばらくしてのことです。斜向かいの彼女の独房から低い歌声が聞こえてきました。

〽起て！　餓えたる者よ、今ぞ日は近し
　覚めよ、わがはらから、暁は来ぬ

よく知られている「国際歌（インターナショナル）」の一節です。耳さとくそれを聞きつけた女看守がその方へ向かって走ってきて、叱りつけました。

「だまれ！　歌なんか歌うんじゃない！」

歌声はいったん止みました。ところが奥の独房の方から項さんの歌に呼応するように大きな歌が聞こえてきます。

〽起て！　餓えたる者よ、今ぞ日は近し
覚めよ、わがはらから、暁は来ぬ

その声は紛れもなく張姐さんの声です。女看守はかんかんになって奥の独房へ飛んでいき、怒鳴りつけました。しかし張姐さんはそれに負けずいっそう大声で歌います。パニックになった女看守は、仲間の看守に加勢を頼みました。看守が三人ほど張姐さんを黙らせようと駈けつけてきました。すると今度は項さんもまた声を揃えて歌い出しました。張姐さんの応援に励まされたのです。それに倣って、私たち七人もみな声を張り上げ歌声に加わりました。看守たちは右往左往しています。

驚いたことに、この騒ぎに他の刑事犯もいっせいに廊下に面した鉄格子側に集まり、私たちの歌にあわせて一緒に「国際歌」を唱和するではありませんか。女子拘置所全体ににわかに膨れ上がった囚人たちの歌声が響きます。

〽いざ、闘わんいざ、奮い立ていざ、
ああ　インターナショナル、我らがもの

予想外の事態に、看守たちはあわてふためき警棒で鉄格子を叩いて歌を制止させようとしますが、効き目はありません。逆に歌声はいっそう高まっていきます。

騒ぎを聞きつけて男の看守たちも集まってきました。冷酷な顔つきの看守長らしき男が前に出て、黙ってしばらく私たちの歌うままにさせました。

やがて、怒鳴りあげました。

「そんなに歌いたかったら、一晩中歌っていたらよい。その代わり、今晩の食事は抜きだ！」

張姐さんの凛然（りんぜん）たる声が響きます。

「我々の歌声を抑えつけても、我々の心まで抑えきることはできない！　食事を抜くというなら、ハンガーストライキで闘うぞ！」

私たちもそうだ、そうだ！　と声を上げました。ハンガーストライキの何たるかを理解していないだろう刑事犯も調子に乗って、そうだ、そうだと騒ぎます。

看守長の顔に血が上りましたが、おおぜいの勢いに言葉を失いました。ずる賢そうな看守の一人が看守長になにやら耳打ちしました。看守長は張姐さんのいる独房の方を指さし、他の看守に命令しました。

「そやつが扇動したに違いない、引き出せ！」

やがて張姐さんは屈強な看守の男たちに囲まれて連行されていきました。

彼女が戻ってきたのは、次の日の朝でした。一晩中拷問されたに違いありません。傷だらけの身体で女看守に支えられながら独房に放りこまれました。私たちは心配でなりません。みんなも張姐さんを気遣って(きづか)いますが、様子がわかりません。

その時です、低いけれど確かな歌声が耳に入ってきました。

〽起て！　餓えたる者よ、今ぞ日は近し

張姐さんの不屈な歌声です。私たちはみんな涙をためて、感動していました。

それからは、張姐さんに対して刑事犯たちも一目を置くようになりました。女侠客と恐れられた刑事犯は、〝放風〟の時間に張姐さんに近づいて「恭順の意(きょうじゅん)」を表し、妹分になったと触れ回ったほどです。また女看守たちも心なしか張姐さんを怖れ、私たちにも以前のような横暴は少なくなったような気がしました。

それでもやはり拘置所の生活は自由がなく単調でした。監房は湿っていて暗く、空気は濁っていて息苦しく、七人が眠る温突(オンドル)はぎっしり詰まって互いに寝苦しい思いをしました。それに加えて隣の刑事犯の房とは音が筒抜けで、喧嘩などが始まると、寝られたものではありません。

比較して言えば、夜の方に〝自由度〟がありました。女看守は夜更けになり最終の見回りが終わると、部屋の施錠を点検して自分の部屋に戻って眠りに就きます。この時間以降、私たちはひそひそと話すことができました。

范鴻劼（はんこうかつ）同志の恋人である朱香蘭（しゅこうらん）さんと親しくなったのは、そういう中でのことです。彼女は満洲族の貴族出身でしたが、范さんと知り合って家を飛び出し党の支援者に加わったのだと打ち明けてくれました。小柄できれいな人でした。彼女は情勢が悪化した時、想いを交わしあった范さんに、変装して北京から脱出するよう何度か懇願しました。でもその度に彼は言ったそうです。

「李先生が逃げない以上、僕も逃げない。我々はここで国民革命軍が来るまで革命の火を守りぬくんだ・・・」

朱さんは毎日取り調べを望んでいました。范さんに会えるか、消息を得られるのではないか、と思ったからです。私と母も父のその後を知りたかったので、呼び出しを願っていました。

ある朝、警官が房に近づいてきました。いよいよ取り調べかな、と思いました。すると彼は憎々しげに私たちの向かって叫んだのです。

「お前らはみんな座って姿勢を正せ！　動いちゃならんぞ！　まもなく外部から偉い人たちが参観に来るからな」

ほどなく身なりはきちんとしているが、偽善に凝り固まったようなグロテスクな人々が顔を出しました。彼らはもの珍しそうに私たちを見つめ、戸の右上に懸かっている名札と見比べたりしていました。

その中の猪のような顔をした男は、言葉を引き伸ばした嘲りの口ぶりで言い棄てました。

「共〜産、共〜妻！　お前らはアカなら誰でも相手にするんだろう？」

聞いた私たちはみな腹を立てました。その時です、びっくりしました。あのおとなしそうな朱香蘭さんが凜として言い返すではありませんか。

「誰が共妻なの？　妾を何人も抱えているお前たちこそ共妻そのものじゃないか！」

似而非紳士たちは目を見開いて朱さんを見つめ、聞こえぬふりをして行ってしまいました。私たちは朱さんの勇敢さに感心したものです。

軍事法廷にて

私たちはずっと父の姿を見ることはありませんでした。その消息を知る由（よし）もなかったのです。私たちは毎日疑惑の渦の中にいました。父は今どこにいて、どうされているのだろう？まさか思いがけない事態に陥っているのではなかろうか？

ある日の昼前、警官が母、私、妹の名を呼び出す声が聞こえました。いよいよ取り調べのようでした。私たちはみな心臓がドキドキしながら温突（オンドル）から下りて、監房を出ました。

警察庁の本部の建物に連行され、広い会議室のような所へ追い立てられました。後で判ったことですが、正規の裁判手続きではなく、臨時に設けられた軍事法廷の場がそこだったのです。

正面の机には、数人の厳（いか）めしい顔をして軍服をまとった男たちがいました。私たち一人一人にそれぞれ看守が傍についており、用意された席に座らされたのでした。裁判長とおぼしきいかつい体躯（たいく）の髭をたくわえた男が中央にふんぞりかえっています。

尋問はすぐには始まりませんでした。私たちは身を固くして声がかかるのを待っていました。やがて部屋の扉が開けられ、看守が先ず顔を出しました。引き続いて現れたのが、父だったのです。

大使館の庭はずれの小屋で引き離されたあの父にとうとう会えたのです。古びた灰色の綿入れはぼろぼろに破れていますが、あの日と変わりません。髪はぼさぼさに乱れ、少し額にかかっていました。顔色は蒼白く眼鏡はなく、頬が以前より痩せて見えました。それでも目の色はいつもと変わらず、態度もいつものように平静でした。

「お父さん！」

私はとうとう我慢できず、声を上げてしまいました。母は地べたに哭きくずれ、妹も大声で哭きだしました。

「取り乱すな！」

裁判長は手に持った木槌で机の上を重々しく叩きました。

「騒ぐんじゃない！」

つづいて警備の守衛もまた怒鳴りました。

父は私たちをじっと見つめていましたが、まだひと言も口を開きません。その表情はとても落ち着いてゆったりとしていました。その時、私は泣くよりも、父の無言のまなざしにこもる大きなある力にうたれて、立ち尽くしました。

やがて目が細く狡猾そうな判事の一人が、私たちの素性を並べ上げ、共産家族の「不逞な」罪状を責めたてました。どうやらこの場は父に対する公判ではなく、私たち家族についての認定尋問のようでした。

私の不用意な言葉を受け入れて、父は何よりも私たち家族のことを考えていたようです。

「ここにいるのは、確かに私の妻と娘二人だ」

彼は裁判長に向かって、落ち着きはらった口調で語り始めました。

「農村出身の妻は家事と子どもたちの世話にかかりっきりで、外の活動に関わりをもつ余裕はない。また娘二人もまだ中学に通学中で、何もわかっていない。全て彼女たちにはいっさい関係ないことである！」

判事たちはそれを信じようとはしません。何とか私たち家族が父の活動を支えた事実を嗅(か)ぎとろうとします。母にあれこれ詰問しますが、母は泣くばかりで何も答えません。妹はこの空気に怯(おび)えて慄(ふる)えるばかりです。私はひと言叫ぶように言いました、

「大学の先生である父から教わったのは、何よりも勉強を第一に考えることだということです」

私の言葉尻をとらえた判事は意地悪そうに、数学の問題をひとつ出して解かせようとしました。ろくに勉強もせず革命活動を手伝っていると見たからでしょう。私は即座にそれを解いてみせました。その判事はうなったまま、ひと言も言えませんでした。

父は裁判長に毅然(きぜん)と言い放ちました。

「家族を盾に私の変節を迫るつもりだとしたら、それは無駄だ。家族を限りなく愛してはいるが、その愛は何かと引き換えにできる愛ではない。そのことは家族たちも判ってくれるであろう。

裁判長、手練手管で私をおとしめることはできない。何よりも虐げられた多くの民衆のための闘いに殉ずることは私の生涯の光栄だからだ」

一歩もたじろぐことなく昂然と自己の信念を表明する父に、これ以上発言を続けさせるのはまずいと思ったのだろう、裁判長は顔を紅潮させて怒鳴りました。

「ええい、これ以上戯言を聞いてるひまはない。こやつらを連れて行け！」

あっと言う間に父と私たちの再会は終わりを告げました。

この時が、父との最後の対面になってしまったのです。

拘置所に戻ってから、敵の法廷での父の勇敢で慈愛にあふれた表情、頑丈な身体の一つひとつが、私のまぶたに浮かんできました。その後の父の情況については、知りようもありません。

母と私たちはまた不安と焦りにとらわれました。

まもなく范鴻劼同志の恋人の朱香蘭さんや三人のおばさんたちは釈放されました。鉄格子の中に残されたのは、私たち三人だけになってしまいました。

そこへまた若い女の人がぶちこまれてきました。その人はやはり北京大学の学生で、顔瑞華（がんずいか）という父の教え子の一人でした。張姐さんの後輩だと知りました。ソ連大使館捜査事件に連座して逮捕され、ここにきたのです。

私たちはさっそく外部の情況について訊（たず）ねました。父たちが逮捕されたことは、北京はもとより全国に大きな驚きと怒りを呼んだ、と彼女は言いました。外国の報道機関もそれを報じ、各国に反響が及んだそうです。新聞紙上には、連日父たちの記事が満載されました。

「もちろん私たちは李先生をはじめ、多くの同志たちの写真が紙面にでかでかと載り、興味本位の書きたてられ方をされていることに、歯噛みするほどくやしがりました。でも、李先生の写真はとても生き生きしたもので、いつもの慈愛の光を湛（たた）えた肖像は新聞見出しの〝共匪（アカ）の頭目〟という印象を打ち消していたわ」

実際、新聞紙上に載る世論の動向は、日を追って父の側に立った記事が多くなったようです。最も反動的な新聞さえ、父の人格と学問に関しては率直に敬意を表せざるを得ない、という論調を述べていました。ある学者は、中国の伝統ではこのような文人を安易に抹殺すべきではない、と当局に勧告し、ある政治家は無期刑にして、一生監獄で著作活動をさせるべきだとも主張したそうです。

顔さんの話はとても元気づけられるものでした。聞くうちに深夜であることも忘れてしまいました。でも、彼女はうなだれるように次の言葉を加えたのです。

「新聞紙面でどんなに李先生を庇う論調があろうとも、おそらくは少しも効果はないと感じています。なぜならこれは張作霖一存のことではないからです。背後には蒋介石の国民党や日本帝国主義者がきっと深く関わっているに違いありません」

母と私は、ひどく不安になりました。

父の最期

四月二十八日の朝でした。あの張揖蘭（ちょうゆうらん）同志が独房から引き出されて連行されていきました。その日の彼女の姿は清潔でさっぱりした白いものを身につけ、髪の毛もきちんとくしけずっていました。私たちの房の前を通り過ぎる時、私と妹は看守の制止の声にもめげず叫びました。

「張姐さん、きっと戻ってきてね！」

張姐さんはこちらを見て、かすかに微笑を湛（たた）えました。いつもきりっとしているけれど、こんなに美しい張姐さんを見たことはありません。

それだけにずっと心配でなりませんでした。けれど、夕方になっても彼女の姿は戻ってきません。暗くなってくると、いよいよ張姐さんの身の上が案じられます。

心配でじりじりしていると、男の看守が現れて、母の名を呼びました。つづいて私の名と妹の名も。それからいきなり指示するのです。

「お前たちは今すぐ荷物を整理しろ！　ここから連れ出す」

突然の話で私たちは驚きました。いよいよ来るべきものが来たのか？

せかす看守の声に追い立てられ、私たちは不安と恐怖にもみくちゃにされながら、震える手で着古した衣類など少しばかりの私物をまとめました。

その看守は私たちを拘置所の正面玄関まで連行しました。そこで、彼ははじめて私たちへの処分を明らかにしたのです。

「証拠不十分により、お前たちを保釈する。無罪だなんて思うなよ。お前たちの行動はこれからも監視しているからな。ともあれ、今は家に帰ってよろしい」

私たちはみな仰天しました。まさか家に戻れるとは思ってもみなかったからです。最悪の場合はそのまま処刑、少なくとも監獄に放り込まれると覚悟していたのですから。母は信じられない様子でしたが、言われるままに門衛から、入所した時にとりあげられたリボンや腰ひも、指輪などの返却手続きにかかっていました。

近くに私たちの様子を見ていた人の良さそうな警官が居たので、私はそっと声をかけました。

「おまわりさん、ちょっとお伺いします。ご存知でしょうか? 私の父は、私の父は・・・、どうなっているんでしょうか」

声の震えを抑えることはできず、目は涙でいっぱいになりました。

「さあ、帰りなさい。明日になれば何もかもわかることだよ」

彼は痛ましそうな口ぶりでこう洩らしました。

家路がこんなに遠く感じたことはありませんでした。辺りはもう暮れきっています。帰路、三人とも黙りこくって足を引きずりました。それぞれが何とも言えない父についての重苦しい想像に押しひしがれていたからです。

家に着く頃、辺りはすっかり闇に包まれていました。ひっそりとさびれた門の前に佇(たたず)むと、なぜか懐かしさよりも言いようのないよそよそしさを感じるのでした。私たちが門を叩く音を聞きつけた周おじさんが驚いて出てきました。私たちを確かめると、母屋に向かって喜びの声をあげました。それを聞きつけて顔を出した雨子嬀(うしま)は口を開けたまま、しばらく声も出ませんでした。母を手助けし、幼い二人の子を世話していた彼女はただこう言うばかりでした。

「ああ、夢みたい、お天道(てんと)様は見捨てなかったのね！」

二人の弟たちが駆け寄ると、母は大粒の涙を流して両手で抱きしめて離しませんでした。

次の日の朝、おじさんは街に新聞を買いに行きました。やがて哭(な)きながら戻ってきました。手には力なく新聞が握られています。すぐに新聞を開くと、いきなり大きな活字が襲いかかってきました。

「李大釗ら二十名は、昨日絞首刑に処された」

たちまち目の前は霧がかかったようになり、私は意識を失いました。気がついた時は、部屋の中に人が入り乱れていました。おじさんや雨子嬀、それに近所の人たちの心配そうな顔が見下ろしています。母もまた悲しみの余り三度も気絶したそうです。しばらくして意識を回復した母は、蒼白い顔を向けて、私に訊きました。

「昨日は何日？」

私は新聞をたぐり寄せて確認しました。

「お母さん、四月二十八日よ」

「憶えてお置き、その四月二十八日は、お父さんが人々のために殉じた日よ」

その言葉に私はまた哭きました。でも、歯を食いしばり、涙で目がぼやけながらも、その新聞に目を通しました。

父の壮烈な犠牲のニュースは、北京全市を駆け回りました。家に慰問に来る人々は一日中絶えませんでした。多くは父の友人たちです。彼らはみな涙を流し、嗚咽しながら母を慰めました。

軍閥政府はこともあろうに新聞紙上にこんな宣伝までしたのです、処刑人に給付する棺材費はふつうは四十元だが、父だけは特別に「優遇」して七十元を下賜する、と。

母はこれを目にすると、怒り心頭に発して、叫びました。

「この人でなしども！　誰が奴らの施しなんか受けるものか。そんなものは要らない。あの人の棺材は自分たちで工面する！」

父の友人たちは母の思いにうたれて、募金を大々的に呼びかけました。たちまち棺材を購うに十分な金が集まりました。三里河に徳昌工房という葬祭屋がありました。そこの主人は、毎日の新聞を読み、父の人となりにとても敬服していました。それで、良質の柏の棺材を特に選び、格安の値段でそれを提供して、父への敬意を表しました。

私たち家族は父を失って暮らしの立てようもなく、また危険人物の身内として警察から特別の指示が出され、故郷の楽亭県に帰らざるを得なくなりました。

軍閥政府の大弾圧とその結果としての父の死、そして私たち家族の嘗めた苦難は、あまりにも衝撃が大きいものでした。母はすっかり希望を失ってしまい、病の床に伏せってしまいました。そのため私は妹や弟の世話もあり、自分のことばかりに気をとられるわけにはいかなくなりました。

その時力になってくれたのは、父と共に犠牲になった戦友である范鴻劼同志の恋人の朱香蘭さんでした。彼女は名家の育ちにもかかわらず、亡き恋人の死に遭って見違えるほど強くなっていました。范同志の遺体を彼の故郷の実家に埋葬した後、わざわざ北京から私たちの家に訪ねてきました。そのまま二週間ほど母の看病や私たちの相談役を引き受けてくれたのです。

彼女はまた、父に関する新聞記事や父の同志・友人たちから得た情報を詳しく私に話してくれました。それによって私は初めて父の殉難までの実相を知ることができたのです。

父は逮捕されてからすぐ、昼夜分かたぬ警察の過酷な尋問を受けました。ある同志は敢然として敵に向かう父の態度を非常に賞賛しました。奴らは父にとても野蛮な拷問を加えました。特に心痛んだのは、十本の指の爪に竹ペンを突き刺すという残忍な仕打ちです。しかし父は決して敵に頭を下げず、共産党員の崇高な気節を表したそうです。

警察が尋問した時の記録の大半は、父の真意を歪めたものでした。彼は敵に歪曲・利用されないために、断固として全記録の閲覧を要求しました。記録の厳密な訂正と共に、利用されないために「獄中自述」を記して提出したのです。そこには、国と民族の危機を救わんとし、世の苦しみ働く民衆のために闘いぬいた生涯の記録が記されていました。

二十人の殉難者たちが英雄的な最期を遂げる時、最初に処刑台に向かったのは、父でした。彼は従容として顔色を変えず、処刑直前まで敵に厳しく対決の姿勢を示しました。反動的な裁判官や処刑人を前にして、敢然として最後の熱弁をこうふるったのです。

「お前たちが私を絞殺しようとも、共産主義を絞殺することはできない！　我々はすでに数多くの同志たちを育てた。人類の理想を求める真っ赤な花の種は、世の隅々にばらまかれている！　それらはやがて芽を吹き、たくさんの花びらを開かせるであろう。そしてきっと革命の果実を実らせる日が来るに違いない！

我々のまぶたにははっきりと明日の世界が浮かんでいる。共産主義は中国で、世界で、必ずや光り輝く勝利を勝ちとることができよう!」

軍閥政府は、父が主犯であり、共産党の首魁と見なして、徹底的に憎みきっていました。そのため処刑人は苦痛を長引かせるように、他の人は二十分で終わるところを、父については四十分にもわたった絞首刑を執行したのです。

父に続いた他の同志も怯む色なく、みな決然と処刑台に向かったそうです。武漢の「民国日報」は次のように報道しました。

――張挹蘭同志は、処刑台の上で、笑いさえ浮かべ、「革命に罪はない! 革命は人民の意志だ!」と叫んだ――

父と同時に犠牲になった烈士は、共産党、国民党左派十九名のみなすばらしい青年たちでした。生きていればさらにどんなに中国のために力を発揮したことでしょう。

法廷で最後に会った時の父の私たちに向けた慈愛に満ちた表情は決して忘れません。また敵に対する気迫にあふれた声音は今も耳のうちに残っています。

妹の李炎華は張挹さんの犠牲にとりわけ心を痛めていました。新聞に載っていた父の写真と張挹さんの写真を共に自分の机の前の壁に掲げています。私もいつも愛してくれた父はもちろん、張挹さんが処刑される朝のあの崇高な美しさを胸深く刻んだのです。

人は死して土に還っていくと言います。父が土に還るのには、六年の歳月を要しました。一九三三年四月二十三日、父の棺をやっと地に葬ることができたのです。

殉難の後、共産党に対する激しい弾圧のため、父の葬儀はできませんでした。軍閥張作霖（ちょうさくりん）に変わって、北京を支配したのは、蒋介石（しょうかいせき）の国民革命軍でした。しかし反共の嵐は一向に止むことはなかったのです。かって国共合作の下、父があれだけ尽力した国民革命軍はすっかり変質してしまったからです。父の処刑のすぐ後、亡き孫文先生の遺志に背（そむ）いた蒋介石は反共クーデターを起こし、共産党狩りに狂奔（きょうほん）しました。

そういうこともあって、父の棺は宣武門外（せんぶもんがい）にある妙光閣（みょうこうかく）の浙寺（せつじ）に置きっ放しのままでした。故郷での苦しい生活のため私たちは北京まで行く旅費さえつくれないありさまですから、とうてい父の葬儀を行うだけの経済的余裕はありません。

その年の四月初め、やっとのことで母は私たち子どもを連れて楽亭（らくてい）県の実家から北京へ行き、父の後始末をちゃんとしようとしたのです。私たちの上京を知った共産党組織はすぐに「互助救援会」の同志を派遣して、母とひそかに父の葬儀の件を相談しました。

訪ねてきた同志は党組織の意見を伝えました。父は革命のため壮烈な犠牲になったので、この度彼を出棺させるにあたっては、ぜひ民衆の追悼活動を共にとり行いたい、葬儀を通して軍閥による革命家の惨殺という蛮行を世に暴露し、革命の正義を明らかにする、ということでした。

その同志は母に意向を尋ねました。母はためらうことなく答えたのです。

「李先生は党のものであり、革命のため死んだのです。党組織がどのように指示し、どのようになさってても構いません。やることに必ず私は力を尽くします！」

それからいくつかの具体的な手立てが進められました。

一つは、出棺の際に和尚、道士、葬礼のラッパ吹き、楽隊などおしなべて葬礼の儀式は古いしきたりに則ったやり方で進めるべきこと。一方で隠れ蓑の役割を果たすことができ、同時に隊列はゆっくり歩けるし、時間も引き延ばせて、沿道の民衆に宣伝するのにも都合がよいこと。

二つには、大衆的なデモ行進の闘いを組織すべきこと。家族の安全に配慮するために、予め遺族名義で新聞に葬儀通知を載せ、出棺の時間・場所などを公表する、もし官憲が不審に思っても、民衆は葬儀通知を見たので集まってきたことになります。わが家と党組織の関係がばれたり、家族に新たな迫害が及ぶことのないように綿密な計画が練られました。

ただしきたり通りの葬儀となると出費は莫大なものになります。わが家にそんな経済的たくわえがあるはずはありません。これまでの暮らしさえも父の友人たちからの援助もあって細々ながらしのいできたのですから。

　けれどなぜこうしなければならないかがはっきりしている時には、母はひと言も「いいえ」とは言わず、全てを引き受けました。そして出棺の準備の一切が党の手配に従って進められることに同意したのです。

　葬儀通知が新聞に掲載されると、北京大学の蒋夢麟学長をはじめ、胡適先生や周作人先生など父の大学時代の友人たちがわが家を訪れ、母に弔意を表すと共にたくさんの香典や義援金を手渡してくれました。

　嬉しかったのは、獄窓を共にしたあの朱香蘭さんが来て、一緒に住んで母を手助けしてくれたことでした。

「私もこの日を待っていたのよ。李先生の葬列にあの人の遺影を持って行くことに決めてるの」

　彼女は父と共に犠牲になった范鴻劼同志のことを忘れないだけでなく、旧家の両親を説き伏せて党の支援者にさえしたのです。そのせいもあって、しきたりにもとづき葬儀のだんどりを決めていく時、朱さんのお父さんにずいぶん助言を得られたようでした。

　父の友人のある先生は母に忠告して言いました。

「浙寺から近くの城門へ直行し、そこよりひっそりと城外に出た方がいいですよ。もし街中を行くと、きっと学生たちを刺激し、彼らは騒動を起こすでしょう。そうなったらおさまりがつかなくなる事態になります」

しかし、母は棺が息をひそめるように城門を抜け出すことには同意しませんでした。

「李先生は生前民衆のためにたくさん好いことをしたのに、こんなに悲惨な死に方となりました。逃げるような出棺では、私の気持ちは納得できません！」

その方も母の強い思いを察し、最後には母に賛成してくれました。私は無学な母がこんなに強く父のことを思い、筋を通したことに感銘を受けました。


当日の朝六時、浙寺に私たち家族は集まりました。みな喪に服した白い装束です。楽隊はゆったりと悲壮な葬送の調べを奏(かな)ではじめました。父の棺は十数人の担(かつ)ぎ手により寺の門を出ました。それには青と白の花が刺繍された深紅の棺覆(おお)いがかぶせられています。私たち子どもは棺の前に立ち、葬送の曲が鳴り渡ると、声を抑えきれず哭(な)きじゃくりました。見送る人々もみな涙を流しています。

これは実に奇妙な葬式でした。

棺の中に横たわっているのは、軍閥政府に絞殺された共産主義者なのですが、葬列の最前列を進むのは、招魂(しょうこん)のための和尚、道士、ラッパ吹きに楽隊です。後ろに青と白のリボンで結ばれた大きな父の肖像写真が青年の手で掲げられていました。私たち子どもは、白い幟(のぼり)を持って棺の前を歩きます。棺が運ばれ、母とその友だちは馬車で、その後ろを進みます。葬列の後尾には道に広がり、長々とした葬送の群衆が続きました。あの朱香蘭さんも胸に范鴻劼同志の遺影を抱き、涙しつつ歩いています。群衆の胸には青か白かの造花の喪章がつけられ、左腕に黒い腕章を巻いた人もいました。

葬列の中から、葬送歌が流れます。さらに青年たちの中から国際歌（インターナショナル）が湧き起こりました。

誰かが叫びます。

「李大釗（りたいしょう）の精神は死なず！」

つづいてさらにいくつかの掛け声がかかりました。

「先烈（せんれつ）のために仇を討とう！」

「蒋介石の国民党政権を打倒しよう！」

歌とスローガンの声は大通りや横町まで響きわたり、近くの市民を驚かせました。葬列に加わる者も次々に現れました。人々の顔には限りない憤りと悲しみの色があふれていました。ある者は手にしている赤や緑の色刷りのビラをすばやく葬列の両側で見ている群衆にばらまいています。ある者は手に花輪を捧げ持っています。

ある青年は挽聯（ばんれん）（死者を悼む対句）の幟を担いでいました。群衆の隊伍の最前列に掲げられたそれにはこう書かれていました。

革命のために奮闘し、革命のために犠牲となる。死はもとより顧みず！
圧迫の下で暮らし、圧迫の下で呻く、生は何と堪えがたいことか！

いくつもの挽聯が掲げられ、いくつもの花輪が連なりました。銀色がかった白い「紙銭」が葬列の人々からたえず空中に撒き散らされました。それはまるで白い蝶のようにひらひら飛び舞うのです。どの「紙銭」にもみなゴム印で次のような小さな赤い字がスタンプされています。

「李大釗先烈の精神は死なず！」

「共産党万歳！」

「打倒蒋介石政権！」

これらは妹や従姉妹たちと共にひと晩かかって作ったものです。次の日、ある新聞記者は紙面に寓意をこめた記事を載せました。

「・・・白い紙銭は、赤い蝶に変わって舞い飛んだ・・・」

葬列の隊列は膨れ上がり、前は先頭が見えず、後ろも尻尾がみえないくらいになりました。まるで怒れる巨大な竜のような蜿蜒たるデモ行進となって天安門の方向へ向かって進んでいきました。道の両側に鈴なりになった人々は、ビラを争って取りあい、いつのまにかスローガンに唱和しています。

わけがわからない人々は顔を寄せ合い、互いに尋ねあっています。

「棺の中に入っている人は誰なんだい？」

「きっと無念な死に方をしたんだろうよ。みんな彼は無実だって叫んでいるぜ！」

群衆は通りにあふれ、自動車、電車、馬車などが入り乱れて立ち往生してしまいました。両側の商店の二階の出窓にも顔がひしめいています。隊列が繁華な街角にさしかかる度に、ますます人だかりが大きくなり、何度も立ち止まりかけました。

西四牌楼（せいしはいろう）にさしかかった時でした。ある青年団体が葬列を止めて葬祭を挙行しました。西四牌楼の朱塗りの柱の所に、やはり朱塗りのテーブルが置かれていました。卓上には、果物や酒などの供物や献花でいっぱいです。弔辞を読み上げる青年は大声で涙をふるって朗読していました。群衆は故人の生前の光栄ある事績と殉難した時の悲壮な情景に聞き入りました。

ところが突然事態が一変したのです。東の通りから数台のトラックが砂煙を上げて向かってきました。車の上には警官たちがぎっしり乗っています。殺気だった暴漢どもは車を飛び降りるや、葬祭の場に襲いかかってきたのです。彼らは銃剣をふるって弔辞を読んでいた青年を倒しました。式台はひき倒され、供物も花束もあたりにばらけ散りました。

警官たちは誰彼かまわずに狼藉（ろうぜき）を働き、抵抗する青年たちを銃床（じゅうしょう）で殴打（おうだ）し、暴行を加えました。昂奮した民衆も喊声（かんせい）を上げて反撃しようと取っ組み合いになってしまいました。しかし手に武器を持たぬ者が武装した暴漢にどうして勝てましょう、とうとう追い散らされ、葬列はめちゃくちゃになってしまいました。路上に血を流し、傷を受けた者がたくさん倒れています。また多数の青年が警官によってトラックに放り込まれて連行されていきました。

みんな散り散りにされたので、しばらくの間西四牌楼の辺りはひっそりとした空き地のようになってしまいました。そこに残されたのは、私たち子どもと母の馬車だけだったのです。棺担ぎたちも逃げてしまったので、棺も地に置き棄てられたままです。造花、紙銭、花輪、挽聯などが辺り一面に散らばっていました。呆然（ぼうぜん）していた私たちですが、棺をこのままにしておくわけにはいきません。母の指示で私たちは怒りと哀しみの涙をぬぐって、黙々と片付け作業にとりかかりました。

やがて、ある同志が棺担ぎたちを捜し集めて戻ってきました。同志たち、友人たちも少しずつ集まってきます。私たちは母の馬車の屋根の上に花輪や挽聯などを乗せて隊列を整えました。楽隊もなく、ラッパ手もいない、怒りのあまり無言と化した葬列が進みはじめました。城外へ出る西直門（せいちょくもん）に来ると、守衛は出門許可証をちょっと見るだけで、私たちを通してくれました。

山道をたどり、やっと目的である香山（こうざん）の万安公墓（ばんあんこうぼ）に到着しました。父はここに埋葬できるはずでしたが、なお難題が持ち上がりました。宋という墓地の管理者は、父が刑死したことを知って、私たちに墓地を売らない、と言い出すではありませんか。墓地の風水が乱れるとか、変死者は商売に影響するとか、難癖をつけて頑として首をたてにふらないのです。

私たちは腹を立てるやら、見通しがたたないやらで、しばらく弱り果てていました。そこへ父の友人で、北京大学長の蔣夢麟先生が顔を出しました。私たちの困惑を知って、すぐに蔣学長は宋へ人かの教授と一緒に様子を窺いにきたのです。街中での騒動を伝え聞いて、何の説得にかかりました。父の人となりを語り、情に訴えることにより、やっと彼は公墓の西南にある最も辺鄙な一角に墓地を確保することに承諾をしたのです。

父の墓域に私たちが向かうと、すでにそれを知った友人たちが作業にとりかかっていました。掘られた穴に父の深紅の棺は下ろされて、土に覆われました。傍らに墓碑銘が横たわっています。それは父の同志と友人たちの尽力で革命的功績を讃えた文字が刻まれています。ここまでしてくれる父の周りの人々の同志愛と友情に母は何度も頭を下げ、涙を流して感謝の意を表しました。

しかし貴重なこの墓碑を当時の反動政府が見逃すはずはなかったのです。蔣学長を中心とした先生方の判断に従い、その墓碑銘は地中に埋められ、解放の日まで待つことになりました。

棺を墓地に移し収めてから、私たちは馬車に揺られて家路につきました。今日は本当に長い一日でした。でもいろいろな人々が父のことを心に刻んでくれていることを実感した忘れがたい日でもありました。

ただ西四牌楼での流血事件は、母の魂に大きな衝撃を与えました。道々ずっと母は反動警官の暴虐に遭って逮捕された葬送の群衆のことを語りつづけたのです。とりわけ葬送の行進に加わっていたひとりの子どものことが彼女の心に食い入りました。母が目にしたのは、警官に撲（ぶ）たれて顔中血だらけになり、胸につけた白い喪章まで赤く染まった少年でした。そんな状態なのに、子どもの口からは怒りの叫びがほとばしり出たのです。

「なんで僕らはお参りできないんだ?!・・・」

とうとう警官は彼を捕まえて、荒っぽくトラックに放り上げて連れていってしまいました。

ここまで話すと、母は涙を流して私たちに訴えるのでした。

「あんな子どもまで連行されるなんて。全て自分たちのせいなのだろうか?」

私の母は旧社会の農村の婦人で、教育を受ける機会はありませんでした。父の影響と援助により、ある程度の字を覚え覚悟を身につけ、しだいに頑強な人に変わりました。父が犠牲になってからは、その悲しみと心身の疲労が重なり、重い病にとりつかれてしまいました。けれど彼女は我慢して痛みに耐え、父をきちんと埋葬して、党の信託に応えたのです。

葬儀が終わったので、私たちは故郷の楽亭県に帰りました。次の日から、母は病の床に臥して、起き上がれなくなってしまいました。

彼女は危篤の枕辺でも、捕まってトラックで連行されたあの子どものことが忘れられなかったのです。いまわの際にも、口の中でとぎれとぎれにこうつぶやいていました。

「・・・あの子は・・・血だらけになって・・・仇をとって！・・・」

父を埋葬してわずかひと月ほど経ったこの年の五月二十八日、わが母は苦難に満ちた生涯の末、恨みを呑んで他界しました。私たちは万安公墓にある父の墓の横に母を埋葬しました。父も母も失い、私たちは子どもだけになってしまったのです。その時、私は十代後半でした。

一九四九年十月一日、天安門で中華人民共和国の成立が宣言され、私たちの国は遂に解放の朝を迎えました。父があんなに望んでいた解放の鐘がとうとう鳴り響いたのです。

党と同志たちは、すぐに私たちを万安公墓に招きました。父を葬ったあの年から十五年、地中に埋めた父の墓碑が、私たちの目の前で荒草の中から掘り起こされました。新しい中国にさし昇る太陽の光を浴びて、それが地より現れてしっかりと立てられるのを、はっきりと目にする日にめぐりあえたのです。

（完）

李大釗関連年表

1866 孫文、広東省香山に生まれる
1879 陳独秀、安徽省懐寧に生まれる
1881 魯迅、浙江省紹興に生まれる
1885 周作人、浙江省紹興に生まれる
1889 李大釗、河北省楽亭に生まれる
1892 張挹蘭、湖南省醴陵に生まれる
1893 毛沢東、湖南省湘潭に生まれる
1894 8 甲午の役(日清戦争) ／鄧中夏、湖南省宜章に生まれる
1897 張国燾、江西省萍郷に生まれる
1898 9 戊戌の政変 ／周恩来、江蘇省淮安に生まれる
1900 6 義和団運動 ／8 八ヶ国連合軍の北京占領
1902 秋 李大釗、科挙の童試を受けて落第
1904 鄧小平、四川省広安に生まれる
1906 12 科挙制度の廃止
1907 9 李大釗、天津の北洋法政専門学堂に入学
1910 8 日韓併合
1911 10 武昌蜂起 辛亥革命勃発
1912 1 中華民国成立 孫文、臨時大総統に就任 ／2 宣統帝、退位 清朝滅亡 ／3 袁世凱、

臨時大総統に就任
1913　年末 李大釗、留学のため日本に渡る。
1914　7 第一次世界大戦勃発　／9 李大釗、早稲田大学政治経済学科入学
1915　1 日本、対華二十一ヶ条要求を提出　／2 李大釗ら中国留日学生総会、東京で二十一ヶ条反対集会を開く　／9 陳独秀、上海で『青年雑誌』（後の『新青年』）を創刊　／12 袁世凱、帝制宣言
1916　5 袁世凱、退位する　／李大釗、帰国する　／9 李大釗、『新青年』に「青春」を発表
1917　1 蔡元培、北京大学学長に就任　文学革命始まる　／3 ロシア二月革命　／11 ロシア十月革命　レーニン率いるボルシェビキによる社会主義政権樹立
1918　1 李大釗、北京大学図書館主任に就任　／10 毛沢東、李の世話で北京大学図書館助手となる　／11 第一次世界大戦終結　／戦勝慶祝講演会で李大釗、「庶民の勝利」を演説
1919　1 パリ講和会議始まる　／3 朝鮮三・一独立運動　／5 北京の青年学生による五・四運動　／6 陳独秀と李大釗、「北京市民宣言」のビラを撒き、陳は逮捕される　／9 李大釗、周恩来らの結成した天津の「覚悟社」で講演
1920　2 李大釗、上海へ脱出する陳独秀を天津に見送る　／4 コミンテルンより派遣されたヴォイチンスキーと李大釗ら会談　／7 李大釗、北京大学教授に就任、北京女子高等師範講師も併任　／9 李大釗、張国燾らと北京共産主義小組を結成
1921　3～7 李大釗ら国立学校教職員、政府の賃金欠配に抗議し、要求闘争　／7 上海で中国共産党創立大会開かれる
1922　8 孫文と李大釗、国共合作について協議を始める
1923　2 二・七虐殺事件（軍閥呉佩孚による京漢鉄道労働者への弾圧）　／6 広州で中国共産党第三回大会開かれる

1924　1 広州で、国民党第一回全国代表大会開かれる(第一次国共合作成立)／レーニン死去／5 張国燾逮捕に伴う共産党弾圧を逃れるため、李大釗、五峰山へ避難／6 李大釗ら、ソ連に越境出国し、コミンテルン第五回大会に参加／11 北京政変を起こした馮玉祥の要請で、孫文、「北上宣言」を発表／李大釗、ソ連から帰国して、国民会議促進大運動にとりくむ／12 孫文、北京駅で「入京宣言」

1925　3 孫文死去　北京中央公園で葬儀／5 上海で、五・三〇運動起こる／6 省港スト始まる／7 広東に国民政府成立

1926　3 三・一八虐殺事件(段祺瑞による学生の反帝集会への弾圧)／軍閥政府の学生虐殺に対して、魯迅は「民国以来最悪の日」と指弾／逮捕状を出された李大釗、ソ連大使館へ避難／7 北伐の国民革命軍、広東から北上開始

1927　4 張作霖の指令で軍警、ソ連大使館を襲撃して李大釗らを逮捕／軍事法廷で李大釗ら二〇名死刑　即時絞首刑となる／蒋介石の四・一二反共クーデター

1933　4 李大釗の追悼デモ　李の棺を万安公墓に埋葬

　　　5 李夫人の趙紉蘭死去　埋葬

1949　10 中華人民共和国成立

おわりに

五月四日は、中国では〝青年節〟と呼ばれ、青年を讃える祝日になっている。中国近代史に新しい紀元を画したと言われる「五・四運動」を記念して設けられた。一九一九年五月のことだから、まもなく百年を迎えることになる。

封建王朝を覆した辛亥革命の勃発。にもかかわらずなお旧制度・旧道徳がのしかかるようにからみつく軍閥政府による支配――それに風穴を開けたのが、北京大学の学生を中心とした青年運動の爆発である。

この五・四運動は、それに先立つ朝鮮の「三・一独立運動」と共に帝国主義列強に直接間接に支配されていた東アジアに目覚めの鐘を鳴らすものであった。今日、世界の政治経済に大きな影響を及ぼす東アジアの台頭は、この一九一九年をひとつのきっかけとして始まったと言えるかも知れない。

五月四日に決起した青年学生に最も影響力を及ぼし、その運動の思想的な核心を援助し鍛えたのは、北京大学教授の李大釗であった。

李大釗といっても、その名を知る人はきわめて少ないであろう。「釗」という日本ではあまり使われない漢字が名前に入っていることもあって、読める人さえ少ないのではないか。

しかし中国では、恐らくたいていの人は名前だけは知っていると思われる。なぜなら何といっても中華人民共和国を主導する中国共産党の創立者の一人であるからだ。もう一人の創立者は、五・四文化運動の司令塔とも言える陳独秀（ちんどくしゅう）である。北京と上海に分かれていた二人が手紙などで相談した結果、各地で形成されつつあった共産主義グループの結集体について、李の提案をとって「中国共産党」と名づけたのである。

陳独秀は、上海にあった党中央の総書記として初期の中国共産党を指導した。李大釗は首都北京で共産党の北方の指導に当たると同時に、軍閥政府と鋭く対峙（たいじ）した。世に〝南陳北李（なんちんほくり）〟と並称（へいしょう）されたゆえんである。

しかし二人の性格は対照的だったようである。李より十才年長の陳は、才気縦横（じゅうおう）で、ジャーナリスト的センスに溢れ、中国近代の最も高名なオピニオンリーダーであった。その点李は、兄事（けいじ）するように陳を敬愛し、言わば第一バイオリンを弾く陳独秀に対して、その温厚・謙虚な人となりの通り第二バイオリンを弾く役割に自ら甘んじたところがある。

総書記としての陳独秀は党中央に君臨し、時に家父長的と言われるほどの権限をふるったらしい。一方の李は、北方での革命のあらゆる分野の工作を実践的に指導し、とりわけ青年学生に大きな感化を与えたが、党内序列にはほとんど関心を払っていない。

しかし一九二七年、軍閥に処刑されるまで、後の革命史に残る幹部の多くが李の影響下にあった。それだけではない。交流のあった人々から敵味方を問わず李ほど人間的に敬愛された共産党指導者を私は知らない。

思想的には激しい論戦を交えた国民党系の文学者胡適（こせき）も、北京大時代の同僚で個人的交流も深く、李が処刑された後葬儀に難儀していた家族に救いの手を伸ばした一人である。

また魯迅の弟で、中国では日本の侵略に手を貸した〝漢奸（かんかん）〟①として評判のよくない周作人（しゅうさくじん）だが、彼は李の人柄を敬愛し、彼の死後、迫害された家族に声をかけ、子どもたちの世話に骨を折った。長男の李葆華（りほうか）をわが家に匿（かくま）って、留学という形で日本に亡命させることまで手を尽くしたのは、周作人である。また娘たちの就学にもすすんで援助を続けた。

一九三二年、スターリン指導のコミンテルンによる中国革命の戦略に批判的な陳独秀はトロッキー派として除名されたので、長い間反党分子として党史からは抹殺されていた。そのため、その後は李大釗の名が中国共産党創立者として先ずあげられるのが常だった。

しかし中国でも「改革開放」後は、少し事情が変わってくる。陳独秀に対する反党分子というレッテルは取り外され、研究の自由が認められて、著作集も刊行されるようになったからだ。党史上の位置づけも創立者として陳独秀・李大釗と並称されることが復活した。

ただ、李大釗の名だけは教科書的に知ってはいても、その事績や人柄まで関心を寄せる人は今の中国でもとても少ないのではないか。李だけではない。中国共産党草創期に対する関心そのものが、今の中国社会ではきわめてうすいような気がする。

しかし、一九二〇年代の青年にとって、李大釗は革命的人間像のひとりであった。ある青年はこのように書いている。

「私はその頃、李大釗同志こそは真の革命的、理想的な人だと認めていた。その時私はまだ共産党員ではなかったけれども。私は李大釗同志の殉難のショックを受けて初めて共産党に加わった。

私は李大釗同志に会ったこともなく、ただ彼が「新青年」に発表した数編の論文と一つの小さな詩を読んだことがあり、彼の革命活動についてと、彼の人となりの幾つかの伝説を聞いたことがあるだけだった。・・・

彼の質朴な文章の力と彼の人格に関する伝説は、みな彼のマルクス主義の思想と信念の最も真実な証明だと私は感じた。あの時から、このような人になることこそ、我々青年の道であると思いはじめていた。・・・

のちに、一九二七年四月二十八日、李大釗同志と他の革命家たちが張作霖（ちょうさくりん）によって殺害された。次の日の新聞で見て、私の頭脳は一、二分まるで感覚を失ったようだった。

二、三日の間、私は魂を失ったように少しも思考力がなかった。このショックは、私に最大の影響を与え、いつまでも忘れられないものとなった」（「魯迅回想」）

上海時代に魯迅と接触し、その信頼を得た共産党員馮雪峰の回想である。魯迅に傾倒する前の彼は、李に革命的人間像を思い描いていたのだ。

現在でも、魯迅を青年の導き手＝「導師」という呼び方をすることがよくある。青年に期待をかけ、多くの人材を育てた魯迅には適切な形容であろう。

同時に革命活動での影響力から見ると、李大釗も当時の進歩的青年の「導師」にふさわしい声望を得ていたことにまちがいない。

さて、なぜ今の時期に、日本ではこのほぼ無名に等しい、そして今の中国でもあまり関心の払われない革命家をとりあげたのであろうか。まず私個人の動機から述べたい。

私が育った仙台は、近代中国の文豪魯迅が留学した地であった。仙台医専に学んでいた魯迅は、教室で日露戦争の折り、ロシアのスパイとして日本兵に捕まり、見せしめになった体格のよい中国人とそれを見物している野次馬の中国人が映されたスライドを見る羽目になった。中国にとって必要なのは、肉体の治療ではなく精神の治療だと痛切に感じた魯迅が、医学のメスを文学のペンにもち変えた転機の地が仙台だったと言われる。

高校生だった私は、在日朝鮮人の優れた友人朴（パク）（当時の通称・木下英吉）君に誘われて、市内にあった魯迅の読書会に加わり、その影響を受けた。さらに受験勉強の傍（かたわ）ら、短波放送に入ってくる北京放送の「安保闘争を勇敢に闘っている日本の同志の皆さん、友人の皆さん」という呼びかけに胸躍らせたものである。

大学に入り、近代中国の変革により強く関心をそそられた。新しい人民中国は長い半植民地下の圧政のくびきを自力で解き放ったアジアの希望と思われたからだ。アメリカ進駐軍の占領下に少年時代を過ごし、「独立」後も対米従属による卑屈な日本社会を目の当たりにしていた私は、解放の喜びと共に歩み出した新中国の誕生に向かうべき未来を感じていた。その黎明期の中国革命に殉じた李大釗を知って、深く考えずに彼の思想を卒業論文のテーマに選んでしまったのである。

ところが当時は李に関するものは「李大釗文集」一冊があるきりで、ほとんど他の資料は得られなかった。それだけではない。当時、学生運動が盛んな時期で、私もその末端にいて勉強に充分身を入れることもなかったので、卒業論文はきわめて杜撰（ずさん）なものとなった。その原稿を後で読み返したことはない。恥ずかしい出来であることを自覚していたからである。ただずっと心の底に、李大釗を自分なりに調べ直さなければ、という思いがわだかまっていた。

退職後、少しずつ李の資料を読む時間ができた。

大阪から北海道の釧路に移住し、たまたま民主文学会釧路支部の人と知り合うことになった。その月刊誌「はしどい通信」という発表の機会を得て、やっと年来の宿題をフィクションという形でまとめることを思いついた。日本では知られていない李大釗の伝記物語という形をとって。

そうでなくても百年前の隣国の、ほとんど無名の人物が主人公である。それで一人称の自伝的なスタイルの方がまだ読みやすいのではないかと思われて、李の心象をまじえた記述をめざした。

物語の冒頭に書いたが、李大釗は軍閥政府によりソ連大使館で逮捕され、その後同志の青年と共に処刑された。物語は自伝形式をとっている体裁上、その最期の場面までは書くことはできない。さいわい李の長女の李星華（りせいか）が書いた回想録を手に入れていた。そこに父李大釗の処刑前後の様子が克明に書かれているので、それを脚色して補うこととした。


もう一つ李大釗をとりあげる動機があった。それは今挙げた李星華の「わが父李大釗の思い出」という回想記の内容についてである。そこには驚くべき事実が記されていた。

中国共産党の創立者である李大釗がなんと文化大革命の折り、「四人組」（②）にけしかけられた造反派(ぞうはんは)によって、〝ブルジョア民主派の反徒〟という汚名を着せられたというのだ。あまつさえ暴徒に墓まで暴かれ、李の遺骨は鞭打たれたという。それればかりではない。娘の李星華もその迫害の中で両眼を失明したのだ。

李とその家族への迫害に対して、毛沢東が承知していたかどうかは不明である。少なくとも周恩来は内心憂慮しながらもそれを止められなかったようである。改めて極端な個人崇拝、毛沢東以外の革命家の抹殺がここまで至った「文革」の過誤と非人間性が実感された。毛沢東の死と文革の終焉(しゅうえん)により、李大釗の名誉は回復された。故郷の大黒坨(だいこくた)村や北京のゆかりの地に李大釗を顕彰する記念館や記念碑はある。

改革開放の時代になると、資本主義が復活して、マルクス主義の社会的影響力は著しく弱まってきた。国家権力は中国共産党が握っているものの、創立当初めざしていた労働者・農民を主体とした人民が主人公の平等社会とはとても言いがたく、貧富の格差が大きく広がっている中国社会の現実を私たちは目にしている。

少なくとも李大釗をはじめとする革命のため犠牲になった幾多の志士たちが願っていた社会が実現したとはとうてい言えないように思われる。いま彼らが中国の現実を見たら何を感じるであろうか。そんな想像も手伝って、中国共産党創立期の思想と人々の思いを改めてふりかえってみたいという気持ちで、李の物語をたどってみた。

文中に登場する中国革命史上の人物の評価や国際共産主義運動の扱いについては、当時の時代状況をできるだけ踏まえ、李大釗という人物の感性というフィルターを通して見えるものを私なりに想像して書いたものであるから、今日の評価と異なるところがあるのは当然である。

ロシア革命が起こって一世紀余、その世界的な反響の一つに〝民族自決〟の原則がある。その思想的衝撃に呼応するように、朝鮮の三・一独立運動や中国の五・四運動が一九一九年に起こって百年が経つ。

中国では、その三十年後、中国革命によって半植民地的社会からの解放を成し遂げた。その苦難の過程で、この物語に登場してくる人物では、李大釗はむろんのこと、鄧中夏、高君宇、蔡和森、楊開慧、張太雷、瞿秋白、施洋、林祥謙、繆伯英、張挹蘭、劉志丹、趙世炎、劉白堅、陳延年、陳喬年、范鴻劼、譚祖堯らが、反動派の弾圧・処刑によって斃れた。李を除けば、ほとんどが二十代の優れた青年たちだった。

彼らの犠牲の上にうちたてられた中華人民共和国。にもかかわらず建国後、「文化大革命」などの毛沢東の誤りとそれによる惨禍、その反動となった「改革開放」の歪みにより、中国社会主義の威信は大きく傷ついた。それに伴って第三世界を中心とする被抑圧民衆の間に根強かった中国への共感と連帯の声は薄れていった。

李大釗たちが生命をかけてめざしたものは蜃気楼にすぎなかったのだろうか。彼らの抑圧と侵略からの解放への闘いは一場の空しい夢だったのだろうか。強権とフェイクニュースに揺さぶられる現代世界にあって、そのようなシニカルな歴史評価に傾く人々は少なくないかも知れない。

今なぜ中国革命なのか、李大釗らの歩みに言及する価値はあるのか。

ロシア革命に希望を見出した李大釗たちの思いは、今から見れば虚妄な夢に憑かれた愚行と極言する人もあろう。しかし二十世紀は、中国ばかりではなく地球上の多くの地で、李と同じく人間解放の夢を追い、社会の進歩に献身していった人々がいたことも歴史的事実である。

その夢の内実は問われるにせよ、少数の権力者が多数の人々を抑圧するところがある限り、一部の民族が他の民族を隷従させる地域がある限り、そこから起ち上がろうとする人々の夢そのものを押しつぶすことはできない。その夢は、今日においても、明日の世界であっても、搾取と貧困、差別と偏見を人間として受け入れがたいと感じる人が存在する限り紡がれていくであろう。

米軍による被占領下の日本で幼少期を送り、ベトナム戦争を「ぼくたちの戦争」と感じた青年期を過ごした私にとって、かって胸おどらせた中国革命の新鮮な衝撃、新中国へのあこがれを含め、プロレタリア国際主義がなお息づいていた時代を改めて思い返す旅路となった。

最後に、列島の北の端の釧路でこの小品を拾いあげて、梓上に載せていただいた藤田印刷の藤田卓也社長に深く感謝したい。この出版不況の中、現代日本人にとってほとんどなじみのない、しかも時代の好尚に縁遠いテーマと人物をとりあげたこの小品の刊行は氏の採算を度外視した勇断によるものである。氏の推挽がなければ、この「稗史」物語が日の目を見ることはなかったのである。

（注）

①漢奸＝中国では売国奴を指す。一九三七年の盧溝橋事件を機に、華北に侵入した日本軍が北京に打ち立てた傀儡政府である「華北政務委員会」の教育総署督弁（文部大臣）に周作人が就任したことから、対日投降分子として批判された。

②四人組＝毛沢東の権威を利用して、文革中絶大な権勢を振るった毛夫人の江青、張春橋、姚文元、王洪文の四人を指す。毛の死後、逮捕され権力の座から転落する。

《主な参考文献》

・「李大釗全集」(修訂版)

・「李大釗年譜長編」朱文通主編・中国社会科学出版社

・「李大釗被捕犠牲安葬資料選編」李継華ら編・綫装書局

・「李大釗伝」李大釗伝編写組・人民出版社

・「回憶我的父親李大釗」李星華・上海文芸出版社

・「回憶李大釗」人民出版社

・「李大釗北京十年」王浩朱編・中央編訳出版社

・「陳独秀著作選編」任建樹主編・上海人民出版社

・「共産主義小組和党的一大資料滙編」中国人民大学中共史系資料室

・「第一次国共合作史」陳廉・北京図書館出版社

・「鄧中夏伝」巍巍、銭小恵・人民出版社

・「我的回憶」張国燾・東方出版社

・「共産国際和中国革命」楊雲若・上海人民出版社

・「中国革命史上的外国人物」蕭効欽ら主編・中共党史出版社

・「近代中国の思想世界」野村浩一・岩波書店

・「五・四運動史像の再検討」中央大学人文科学研究所編・中央大学出版部
・「中国国民革命」栃木利夫、坂野良吉・法政大学出版局
・「中国共産党成立史」石川禎浩・岩波書店
・「朝鮮三・一独立運動」朴慶植・平凡社選書

著者略歴　大川純彦（おおかわ・よしひこ）
1944年　仙台市生まれ
東北大学文学部大学院修士課程修了
北海道、東京、大阪で教職に就く
現在、釧路市に在住

暁鐘　「五・四運動」の炎を点けし者
—革命家李大釗の物語—

藤田印刷エクセレントブックス（2019）
発行日　2019年４月20日
著者　大川純彦
発行人　藤田卓也
発行所　藤田印刷エクセレントブックス
〒085-0042
釧路市若草町３番１号
TEL 0154-22-4165
印刷・製本　藤田印刷株式会社

ISBN 978-4-86538-090-3　C0222